간추린
한국 문화사
산책

간추린 한국 문화사 산책

초판 1쇄 발행 2024년 4월 10일

지은이 안노의
펴낸이 장길수
펴낸곳 지식과감성#
출판등록 제2012-000081호

교정 김나현
디자인 정은혜, 서혜인
편집 서혜인
검수 한장희, 이현
마케팅 김윤길, 정은혜

주소 서울시 금천구 벚꽃로298 대륭포스트타워6차 1212호
전화 070-4651-3730~4
팩스 070-4325-7006
이메일 ksbookup@naver.com
홈페이지 www.knsbookup.com

ISBN 979-11-392-1735-3 (03910)
값 12,000원

- 이 책의 판권은 지은이에게 있습니다.
- 이 책 내용의 전부 또는 일부를 재사용하려면 반드시 지은이의 서면 동의를 받아야 합니다.
- 잘못된 책은 구입하신 곳에서 바꾸어 드립니다.

지식과감성#
홈페이지 바로가기

간추린 한국 문화사 산책

우리 정통 문화 사관 확립의 필요성

저자 **안노의**

험난한 세계화 시대에 민족 대단합을 통한 민족 생존과 민족 발전을 도모하기 위한 민족적 자긍심을 확립하는 데 가장 기초적이고도 필수적인 시대적 사명이라고 판단된다.

서문
: 우리 정통 문화 사관 확립의 필요성

　지난 세기 제국주의 열강들의 국권 침탈에 대항하기 위한 거족적인 자구책의 일환으로 대한제국 시기부터 활발하게 전개되어 온 자주적 민족사 정립을 취한 많은 연구와 노력에 의하여, 아직도 완전하다고 할 수는 없겠으나 민족사의 커다란 줄거리가 대강 윤곽을 잡아 가고 있다. 그에 비하여 민족사 발전의 원동력이라고 할 수 있는 문화사 분야는 여전히 정통적 체계가 제대로 잡히지 못하고 있는 것 같아 뜻있는 사람들이 안타까워하고 있는 중이다.
　그 중요한 이유는 우리 민족의 주요 활동 무대인 동아 지역의 문화적 중심이 한족(漢族) 주도의 지나(支那)문화라고 근세 이후 꾸준히 주입받아 온 일종의 문화 사대주의적 경향에서 많은 학자들이 자유롭지 못하기 때문인 것으로 볼 수 있다.
　그러나 바로 그 지나 지방의 많은 고대 역사 기록들과 유물 등에 의하면 지나 문화의 원류가 다름 아닌 우리 선조들로부터 비롯되었다는 사실을 어렵지 않게 확인할 수 있다. 말하자면 동아문화의 원류였던 우리 상고대 문화가 지나 지방의 쉴 새 없는 북새통 속에서 다양한 형태로 변모를 거듭한 후 문화적 교류를 통해 역수입된 셈인데, 그렇다고 해서 우리의 정통적 문화가 다 사라진 마당에 역수입된 게 아니라 어디까지나 정통문화의 한없이 넓고 큰 품안에 포용되어 온 것이다.
　그럼에도 불구하고 지금까지도 대다수 사람들이 우리 고유문화는 형편없는 야만적 문화였고, 지나 쪽에서 고급문화가 유입되어서야 비로소 우리 민족도 제대로 된 문화의 혜택을 입었으므로, 문화적 측면에서는 결국 지나 문화의 아류에 불과하다는 자비감(自卑感)에 빠져 있는 게 보편적인 현상이다.

세계의 많은 민족들이 상호 간의 끊임없는 문화적 교류를 통해서 발전을 도모하거나 독특한 문화를 재창조해 내기도 하는 풍부한 역사적 사례들을 볼 때, 설령 이웃 민족의 문화를 받아들였더라도 자신에게 맞게 발전시킬 수 있었다면 자부심을 가질 일이지 자기 비하에 빠질 이유가 없다. 자신의 정체성을 보존하고 발전시키는 문화적 재창조를 이루지 못한 민족이나 집단은 결과적으로 세계사의 무대에서 도태되어 사라져 버리고 말기 때문이다.

모든 문화들을 적절히 포용하여 자기 것으로 만들어 가면서 언필칭 반만년이라는 민족사적 정통성을 이어 온 우리 민족은 세계사적 기적이라고나 할 만한 위대한 문화 민족이라고 할 수밖에 없다. 따라서 우리 문화의 초창기로부터 수천 년 동안 전해져 온 문화적 정통성의 맥을 복원하는 작업은 지구상의 모든 이익 집단들이 원색적으로 힘겨루기를 하는 험난한 세계화 시대에 민족 대단합을 통한 민족 생존과 민족 발전을 도모하기 위한 민족적 자긍심을 확립하는 데 가장 기초적이고도 필수적인 시대적 사명이라고 판단된다.

* 고등학교와 중학교에 진학하여 인생의 소중한 기초를 닦고 있는 대견스러운 손주들(허원준, 이호재, 양윤서)의 지식 세계가 넓게 열리기를 기원하며 엮음.

목차

서문: 우리 정통 문화 사관 확립의 필요성 4

1. 상고시대 **8**
2. 삼한의 강역과 문화 **13**
3. 삼한 전반기와 서토의 혼란 **17**
4. 삼한 후반기와 서토 춘추전국시대(기자 동래 이후) **24**
5. 삼한 열국시대사 **30**
6. 삼국 및 가야의 정립(鼎立) **35**
7. 고려와 남북조 시대 **42**
8. 조선시대 **46**
9. 현대 **55**

참고 자료 목록 58

글을 마치며 61

참고보충

1. 배달족(동이족)의 기원 **83**
2. 소도(蘇塗=수두) **84**
3. 제천의식(祭天儀式) 보충 **87**
4. 조의(皂衣) **89**
5. 화랑제도 **90**
6. 고려 국선 **92**
7. 풍월향도(風月香徒) **93**
8. 수륙재(水陸齋) **95**
9. 배달 문화의 신선도 전통 **96**

1. 상고시대

　고대 사회가 부족 국가나 통합 국가 형태로 발전할 때 거의 대부분의 경우 특정한 종교나 신앙적으로 공통된 구심점이 그 중심적 역할을 한다는 게 상식이다. 우리 민족 또한 나름대로의 구심점이 있었음이 명확한데, 우선 삼국유사에서 다양한 건국 신화나 설화 등을 통해서 알려 주고 있는 것처럼 천신과 지신으로부터 시조가 태어났다는 매우 강한 자부심을 그 구심점의 바탕으로 삼고 있다.
　삼국유사의 고조선 조(條) 설명에 의하면 고조선보다 앞서 수립된 신시의 건설자 환웅(또는 한웅)이 그의 부친인 환인(또는 한인) 천제의 지상 인류 통치 목표인 홍익인간 사업을 시행하는 역할을 전개함으로써, 인간은 하늘·땅과 함께 중요한 존재로서 세상만사의 주체가 되었다. 하늘님(하느님)이 아무리 좋은 뜻을 가졌어도 인간을 통하지 않고서는 실현할 수가 없으며, 그 인간은 하늘님(천신)과 땅님(지신)의 결합에 의하여 태어나는 것이다.[1] 따라서 인간 또한 천신 및 지신의 위상에 결코 뒤지지 않고 오히려 역사 행위에 있어서는 실제적 주체가 될 수밖에 없는 핵심적 위치에 자리매김한다. 여기에서 천·지·인은 떼려야 뗄 수 없는 일체감으로 승화하고, 우주의 대본원(本源)인 한님(大神)의 권능을 나눠서 행사하는 삼신일체 또는 삼일신 관념이 자연스럽게 이루어진다.² 그리하여 하늘과 땅과 하늘·땅의 소생(所生)인 조상신을 잊지 않고 받들어 모시며, 이 땅에서 홍익인간적 지상 천국을 만들어 나아가는 것을 공동 목표로 삼는 커다란 움직임이 전개되어, 부족 국가를 거쳐 강고한 고대 국가를 건설·발전시키게 된다.³

삼국유사 고조선 조의 기록은 아시아 북방에 널리 퍼져 생활해 온 고대 알타이 어족들에게 일반적으로 알려진 창조 설화나 시조 설화와 큰 차이점이 없다.⁴ 또한 고대로부터 현대에 이르기까지 이어져 오고 있는 샤머니즘적 요소 또한 그 형식과 내용이 대동소이하다.⁵ 다만 샤머니즘은 주로 악령들로부터 고통받는 인간을 보호해 주는 역할을 담당하는 데 비하여,⁶ 우리 민족에게 있어서 무(巫)를 동반한 제천 의식은 천지인이 화합하여 홍익인간과 국태민안을 기원하는 보다 차원 높은 것이라는 차이점은 여러 연구자들로부터 지적되어 온 사실이다.⁷ 그리하여 하늘은 물론 산천이나 특징적인 자연물들 모두를 숭앙함으로써 자연과의 조화를 이루며 길이 복락을 누리고 살아가기를 염원한 것이다. 말하자면 신시의 성립은 알타이 문화 분포 지역 중에서 삼위와 태백 사이를 주된 활동 범위로 삼은 배달민족의 태동을 알리는 하나의 특화된 문화적 사건이었다고 할 수 있다.

신시에 이미 삼천단부라는 고대로서는 결코 적지 않은 사회 구성원들과, 운사·우사·풍백이라는 지도층과, 곡식·생명·형벌·질병·선악 등 인간 사회에서 필수적인 다섯 가지 중요한 기능을 담당하는 부서까지 있었으니, 신시의 정통적 후계자인 고조선은 당연히 그 조직들을 고스란히 물려받았거나 더욱 발전시켰을 게 분명하다. 홍익인간이라는 큰 목표하에 지상선경을 이루기 위하여 노력하는 최고 지도자는 자연히 선군(仙君=檀君)으로 불렸을 터이며, 선군을 보좌하는 최고 직위에 있는 사람들을 선랑(仙郞)이라고 불렀다는 기록들이 있으니,[8] 신시와 단군조선은 명실 공히 선국 또는 신선국의 모습을 갖추고 주변 나라나 종족들로부터도 이상적인 신선 나라로 알려져 동경의 대상이 되었을 것도 짐작하기 어렵지 않다. 상고시대 우리 민족이 세운 여러 나라들에 대한 모습들은 서토(西土)의 옛 기록들이 오히려 상세히 전하고 있다.

천연 자원이 풍부하고 기후와 풍토 등 생활 여건이 좋은 발해만 일대에서 꽃피우기 시작하여 황하 중·하류 유역으로부터 회수·장강 유역에 이르기까지 고대 한국으로부터 비롯된 배달 문화는 광범위하게 확대되어 갔다. 발해만 북부 지역의 홍산 문화와 산동 지역의 대문구 문화 등에서 보듯이 제단과 잘 정비된 주거지와 여신상과 곡옥(曲玉) 귀걸이 등 다양한 유물들이 고대 배달 문화의 면모를 잘 보여 준다.

그러나 제4빙기가 끝난 후 지질학적 후유증으로 남아 있던 잦은 천재지변이나 홍수가 빈번히 발생하던 끝에 타림 분지 지역에서 발생한 멸종적인 대홍수의 위협을 피해 동쪽으로 대이동을 개시한 화(華)족이 황하 중류 지역으로 떼거지로 몰려 들어와 번성하기 시작하면서 문화적 충돌을 피할 수 없게 된다.

화족은 인종적으로는 황인종에 속하지만 언어·문화적으로는 북방 알타이계가 아닌 다분히 서남아시아 계통적인 특이한 종족이었다. 그리하여 천지인 삼신일체 종교관을 기반으로 제천 행사를 거행하며 하늘의 전령으로 믿어진 새들을 존중하여 솟대 신앙을 가졌던 알타이 계통 문화가 아니라, 스스로 용의 자손이라고 믿고 다른 종족들을 지배하려는 야욕에 불타는 다분히 호전적인 성향을 가진 무리였다.

그들은 이미 선경을 이루어 살고 있던 신시의 서쪽 터전 한 구석을 얻어서 살게 되었으나, 얼마 안 가서 신시를 무너뜨리고 신시의 모든 것을 저들이 차지하려는 욕심을 키워 갔다. 그러나 그들을 이끌어 갈 만한 지도자적 능력을 가진 자를 저들 중에서는 찾을 수 없기 때문에, 처음에는 신시의 여러 현인들이 화족에게 홍익인간 할 수 있는 소양을 가르치기 위하여 파견되어 가거나 모셔 가기도 했다. 일종의 대규모 난민 집단이었던 화족에게는 우선 인간 생활의 기본 요건인 의·식·주 등 기초적인 것부터 가르쳐야만 했기 때문이다[9].

오랜 세월이 지나가면서 화족 사회도 어느 정도 자리가 잡히고 인구 수도 급격히 불어나자 저들의 야욕 또한 걷잡을 수 없이 팽창하여, 드디어 신시 출신으로서 화족 처를 맞았던 공손 헌원(公孫 軒轅, 일명 황제;黃帝)을 지도자로 삼아 대대적인 반란을 일으켰다.[10] 황하의 상류(감숙성) 및 중류(섬서성) 일대를 장악한 화족은 그것만으로는 성이 차지 않아서, 내친 김에 신시를 완전히 강탈하고자 황하 하류를 거쳐서 신시 본토라고 할 수 있는 청구(靑丘;발해만 동부 및 북부 연안)까지 침범해 왔다.

당시 신시의 지도자인 치우한웅은 이 때 하북성 북부 탁록에서의 대첩을 시작으로 연전연승하며 반란군을 몰아붙였으나, 인해전술로 악착같이 대드는 수많은 화족을 모두 몰살시킬 수도 없어서 마침내 감·섬 지방을 화족의 자치 영역으로 내어 주고 평화를 회복하기로 했다. 이로써 일시적으로 평화는 찾아왔으나 그것은 홍익인간 이념하에 단일화된 완전한 지상 낙원적인 평화는 될 수 없었고, 억지로 확보한 근거지를 중심으로 더욱 폭발적으로 인구가 증가해 간 화족은 그 후로도 기회가 있을 때마다 신시의 변경에서 갖가지 문제와 분쟁을 일으키며 두고두고 후환으로 남게 되었다.

신시 일각에 비로소 배타적 세력권을 확보하기는 했으나 문화적으로는 여전히 야만 수준에 머무르고 있던 화족은 신시와의 교류를 통해서 수준

높은 문화를 받아들였고, 자신들의 나라보다 동쪽에 널리 분포한 신시의 문화를 동경하여 신시의 배달족을 동이(東夷)라고 일컬었고, 한편으로는 두려워하면서도 또 한편으로는 존경심을 갖는 화족 특유의 양가적(兩價的) 감정을 유전적으로 전해 내려갔다. 이른바 황하 문명이라고 하는 갑골 문자와 고대 역법(曆法) 등 고대 동아시아 문화의 대부분은 배달족에 의하여 이룩된 것이었고, 야만 상태의 화족은 자신들이 창조할 수 없었던 그 문화를 흉내 내는 데 그쳤을 뿐이었다.[11]

황제의 대반란 이후 천하는 잠시 소강상태로나마 평화를 유지하는 듯했으나 잦은 기후 변동과 그로 인한 천재지변은 계속 발생하여, 생계와 생존 유지에 급급해진 인민들의 절박한 실정을 이용하여 서토 곳곳에서 군웅들이 들고 일어났다. 그리하여 후일의 춘추전국시대를 방불케 하는 난세가 수백 년간 벌어진 서토 열국은 다시 십여 개의 큰 세력권으로 갈려서 치열하게 겨루다가 영걸인 요(堯)가 신시의 장수 예(羿)를 얻어 평정하고 당(唐)을 세웠다.

비슷한 시기에 신시 또한 유사한 난세를 겪었으나 유웅국(有熊國)의 한검(桓儉)이 팔백여 명의 선랑(仙郎)들과 함께 내란을 평정한 후 분열되었던 신시 열국의 추대를 받아 단군(檀君)의 지위에 올랐다.[12] 단군 한검은 국호를 쥬신(朝鮮)으로 하고,[13] 넓은 영토를 세 개의 큰 관할 구역으로 나누어 스스로 중앙인 신한 관경(辰韓管境)을 맡고, 서토 인접 구역은 불한(番韓) 관경으로, 남쪽과 남동쪽 대해에 이르는 구역은 말한(馬韓) 관경으로 정했다.[14] 이 세 구역들을 합해서 삼한관경(三韓管境)이라고도 일컬었다. 이는 신시 이래의 삼신일체(삼일) 원리를 그대로 지상에 적용한 것이며, 삼일 원리에 따라서 홍익인간이 실현되는 밝은 세상(배달 세상)을 지상에 구현하려는 뜻이었다.

2. 삼한의 강역과 문화

배달정통 문화의 기초와 큰 줄거리는 신시를 거쳐 삼한시대까지 완전한 모습으로 전개되었다. 배달족의 사회는 화족과는 달리 제천의례가 매우 성대하게 거행되었고, 광대한 전 삼한 강역에서 전체적으로 열리는 시월 상달의 제천 행사 때는 민족 총화합을 위한 각 부족 대표 회의가 열리고, 전 인민이 밤낮 사흘간 음주와 가무 및 각종 체육 행사를 즐김으로써, 삼한의 역사 문화적 공동체 의식을 드높이고 단합을 내외에 과시했다.[15]

제천의례는 곧 배달족이 하늘의 자손이자 천·지·인 일체임을 확인하는 가장 상징적 행사였다. 이 행사에는 최고 지도자인 배달 임금(단군; 檀君)이 곧 제관으로서의 단군(壇君) 역할을 맡고, 각 지역 지도자들 또한 지역마다의 단군(壇君)이 되어 모든 행사를 주관했다. 단군(壇君)은 흔히 조상 영령(英靈)이나 성스러운 신령들과 심령(心靈)이 통하는 영능력자로서 무(巫)의 역할을 겸하기도 했는데, 무는 글자의 의미 그대로 하늘과 땅을 연결하여 천신과 지신의 뜻을 사람에게 전달하는 능력을 가진 신통(神通)한 사람을 일컫는다. 그와 같이 천지신명의 뜻을 통하여 밝은 세상을 이끌어 가는 능력이 탁월한 경우 그대로 배달 임금(檀君)으로 추대되는 게 이상적으로 여겨졌다.

그러나 그 두 가지 기능을 다 갖춘 사람은 결코 흔하지 않았기에, 대개는 홍익인간 구현에 투철한 신념을 가진 정치적 지도자로서의 단군(檀君)과 정치적 감각은 없으나 신통력만은 뛰어난 무(巫)가 제천의례의 두 중요한 부분을 나누어 맡는 게 일반적 현상이었을 것도 염두에 두어야 할 것이다.

따라서 제천의례는 우선 나라님이 주관하는 장중한 천제(天祭) 절차를 치른 후, 많은 무(巫)들 중에서 가장 신령한 것으로 평가받는 나라 무(國巫)가 세 가지 신령스러운 무구(巫具)[16]를 가지고 천지신명과 통하는 과정을 거쳐서, 날 선 작두 위에 가볍게 날아올라 신령들의 가르침이나 예언을 전하며 정사(政事) 일반에 대해서도 신령을 통한 비판과 지도 등을 베푼 후, 모든 참석자들에게 축복을 내리고 음주와 가무로 천지신명을 즐겁게 하고 모두가 함께 즐기는 커다란 축제 행사이기도 했다. 국무를 통해 전달된 신탁은 크게 존중되어 정사에 반영함으로써 신의 자손으로서 국무의 신통력을 믿는 인민의 소망에 부합되도록 적절한 조처를 취하는 게 일반적인 관례였다.

그처럼 중요한 특수 기능을 갖춘 국무 또는 각 지방의 신령스러운 무들은 당연히 존경의 대상이었다. 따라서 나라에서는 국무가 거처하는 별읍(別邑)을 두고 하늘로부터의 명을 받는 새 모양의 조형물을 만들어 긴 나뭇가지 끝에 세워 솟대라고 불렀고, 솟대가 있는 별읍을 소도(蘇塗, 또는 수두)라고 하여 대단히 신성시했다. 소도는 각 지방(또는 제후국)에도 크건 작건 곳곳에 만들어져서 그 지방 나름의 신성 지역을 이루었다. 소도는 신의 거처로 믿어졌기 때문에 어떤 흉한 물건도 들여놓을 수 없었으며, 심지어는 중한 죄를 지은 자라도 소도에 일단 숨어들게 되면 신의 보호를 받는 자로 간주되어 체포 및 처형을 면할 수 있었다.

소도에는 또한 신시로부터 전해져 온 삼일신관(三一神觀)이나 삼신오제설(三神五帝說) 또는 홍익인간 배달세계를 이루는 데 필요한 학문 도야와 수양을 목적으로 하는 경당(扃堂)이 세워져서,[17] 일종의 수도원 겸 고등 교육 기관으로서의 역할을 담당하기도 했다. 경당에는 전 삼한 강역에서 가려 뽑은 우수한 인재들이 남녀를 막론하고 발탁되어 모였다.

물론 남녀 학생들 간에는 생활과 학습에서 다소간의 구분이 있어서 풍기와 예절을 엄격하게 지켰다. 남성은 주로 정치적 지도자로서, 여성은 주로 그 특유한 무적인 기능을 계발하는 데 일차적인 교육 목표를 두었을 것도 추측하기에 어렵지 않다. 그와 같은 특수 고등 교육을 무사히 이수한 경당 출신자들은 중앙과 각 지역의 중요한 부서에 배치되어 국가적 정체성과 단합력을 다져 나가는 데 필수적인 동량재로서 소중하게 대우받았다.

홍익인간 구현이라는 지극히 인본주의적인 목표를 세우고, 자신의 존재 근원 및 정체성을 천지신명의 자손이라는 긍지에서 확인하며, 매년 추수가 마무리되어 가는 상달마다 제천의례를 거행하는 가운데 공동체적 일체감과 희열을 공유하며 더불어 살아가는 데는 심오한 사상이 밑받침되어 있었는데, 그것은 현묘지도(玄妙之道) 또는 풍류(風流)로 알려져 있다. 사회생활에 필요한 인간관계의 덕목과, 모나지 않고 본성 계발을 추구하는 개인적 행동양식과, 착한 행위를 권장하는 등, 후일의 유교·도교·불교의 핵심적 교리를 고루 갖춘 데다가, 경천숭조의 제천 의식과 무를 통한 천령·지령·조상신과의 영적 교류를 모두 포함한 현묘지도는 세계 모든 종교와 그로부터 비롯된 다양한 사상들의 원형이라고나 할 만한 포괄적인 내용을 지니고 있었다.

비록 서토 일부를 화족들의 자치에 맡기기는 했으나, 배달족은 전래되어 온 우수한 문화와 생활 양식을 계속 발전시키면서 화족들을 지도해 가는 선도적 위치에 있었다. 그러나 현묘지도의 내용은 너무나 심오하고 광범위했기 때문에 문화 수준이 낮은 화족에게는 설령 가르쳐 줘도 이해하는 자가 드물었다. 현실적인 욕망을 추구하는 데만도 급급한 화족은 차원 높은 정신적 차원의 가르침이 너무나도 버거웠으므로, 서토의 통치자들은 화족에게 걸맞은 지극히 현실적인 부분만이라도 배워서 이용하려 했을 뿐 그 심오한 이치를 깨치려는 자가 드물었다.

3. 삼한 전반기와 서토의 혼란

요는 서토를 일단 통합하여 잠시 태평성대를 누리는 듯했으나, 심각한 자연재해는 계속 이어졌고, 특히 큰 홍수가 자주 발생하여 여전히 민생은 갈피를 못 잡고 어지러웠다. 이에 요는 그 당시 토목 기술자로 유명했던 곤(鯀)을 총책임자로 임명하여 치수 사업을 맡겼다.[18] 곤은 구 년 동안 열심히 노력했으나 별 성과를 얻지 못했으며 인민들의 불만과 민생 불안은 기대에 대한 반발감으로 더욱 높아져서 책임자 처벌을 요구하기에 이르렀다. 상황이 악화되어 가면 또 다시 소요 사태 내지 반란이 일어날 것을 우려하던 요는 동이 출신의 현명한 신하 순(舜)의 건의를 받아들여서 마침내 곤을 처형해 버렸다.[19]

요는 자신의 능력으로는 치수 사업을 수행할 수 없음을 자인하고 적당한 후임자에게 통치권을 인계하고자 했다. 그는 우선 당대에 이름난 현자였던 허부에게 신하를 보내어 부탁했으나 허부 또한 별다른 계책이 없는 데다가 골치 아픈 일을 떠맡기도 싫어하여 멀리 산속으로 도망가 버리고 말았다. 후계자를 계속 찾던 요는 덕망 있는 자로 알려진 순이 가장 적당할 것으로 판단 내리고 자신의 두 딸을 순에게 시집보내어 사위로 삼고 양위했다. 순은 요의 기대에 보답하고자 곤의 아들로서 역시 당대 제일의 토목 기술자인 우(禹)에게 치수 사업을 맡기고 추진시켰다.

그러나 우 또한 별다른 비책이 있는 것도 아니었기에 우는 처형을 면하기 위해 모든 제후와 이웃 나라의 치수 담당자 등을 도산(塗山)에 마련한 회합 장소로 초청하여 방법을 강구하고자 했다.[20] 우는 당시 이미 비슷한 재해를 겪은 바 있지만 자연 현상을 최대로 이용한 탁월한 치수 사업에 큰 성공을 거두고 있던 단군조선의 치수비법을 전수받고자 단군조선에도 초청 사절을 보냈다.[21] 우의 간절한 초청을 받은 한검 단군은 많은 배달족도 함께 섞여 살고 있던 절망에 빠진 서토 인민들의 참상을 외면할 수 없어서 치수 법에 통달한 태자 부루를 도산에 파견하여 우를 돕도록 관대한 조치를 취했다.[22]

사방에서 모여든 수많은 제후들과 외국 사신들에게 별다른 묘책이 없어서 고민에 빠졌던 우는 태자 부루로부터 비로소 완전한 치수 비법을 전수받고 13년간 서토 전역을 돌아다니며 치수 사업에 몰두한 결과 마침내 홍수 관리에 성공할 수 있었다.[23] 그리하여 서토에도 일단 인민들의 안정된 생활 터전이 마련되었으며, 우는 순으로부터 치수의 공로를 인정받고 인민들의 대대적인 신망을 얻어 자연스럽게 순의 후계자로 부각되었다.

우는 아버지인 곤이 무고하게 처형당했다고 생각했으나 치수 사업을 성공시켜서 아버지의 오명도 씻고 인민 생활을 안정시키는 게 최우선적 사명이라고 자임하여 절치부심하며 복수심을 감춘 채 혼신의 노력을 기울였다. 그 치수 사업이 성공하여 인민들의 신망이 높아지고 추종자들이 많아지자 우는 복수의 기회만을 노리고 있다가 순이 남쪽으로 순행을 떠난 틈을 타서 반란을 일으켰다.

우의 군세는 순을 창오야(蒼吾野)까지 쫓아가서 붙잡아 처형했는데, 순의 두 아내는 한을 품고 소상강에 몸을 던져 자살하고 말았다. 권좌를 찬탈한 우는 나라 이름을 자신의 성을 딴 하(夏)로 고쳤고, 요와 순이 선보였던 양위의 전통을 폐지하고 세습 왕권을 수립하는 등 일대 변혁을 시도했다.[24]

비록 하극상이라는 극단적 방법으로 하나라를 세우고 서토의 통치자가 되었으나,[25] 우는 치수 사업을 결정적으로 도와준 단군조선의 은혜만은 결코 잊지 않았다. 그러나 수백 년 세월이 흐르는 동안 그 은혜는 점차 희미하게 잊혀 가는 한 편, 서토에서 함께 섞여 사는 동이족(배달족)과의 사이에는 점점 갈등과 문제점들이 증폭되어 갔다.

서토에서는 하나라 말엽에 영웅적 기질이 다분한 걸(桀)왕이 등장했는데, 그는 천하를 다 차지하려는 야망을 품고 단군조선에 대들었다가 패배한 후 자포자기에 빠져들었다. 그리하여 걸왕에 의해 날로 심해져 가는 폭정에[26] 전 인민이 불만을 품은 가운데 배달족의 한 갈래인 탕(湯)이 혁명을 일으켜 새 왕조를 세웠다.[27]

새나라 은(殷)의 시조 탕왕은 단군조선과 마찬가지로 현묘지도의 원리를 서토에서도 시행하고자 했다. 따라서 모든 행정 조직과 국가적 행사와 생활 문화 등을 단군조선의 제도를 모방하여 실시했다.[28] 그러나 은나라 또한 몇 대를 내려가면서 걸왕처럼 천하 제패의 야망에 물들어 가서 수차례 단군조선과 마찰을 빚다가,[29] 이윽고 걸왕을 흉내 내어 단군조선에 대한 침략을 감행하는 무정(武丁)같은 왕도 나타났다.

그는 초기에 대병을 몰아 단군조선의 서쪽 변방을 엄습하여 공략에 성공한 듯했으나 곧 이어 반격에 나선 조선군에게 연패를 거듭하던 끝에 도읍지까지 함락당하여 이리저리 도읍 자리를 옮겨 다니는 곤경에 처했다.[30] 이는 왕을 비롯한 은나라 지배 계급은 배달족이었으나 서토의 하족들이 신하나 귀족으로 많이 등용되어, 하족의 고질적인 야욕을 왕권을 통해 실현해 보고자 한 데서 벌어진 일이었다. 그나마 왕족 혈통의 배달족 계열 신하들 여럿이 하족의 침략 야욕을 억제하고 단군조선과 같은 태평성세를 유지하고자 수고로울 뿐이었다.

단군조선에서도 동족이 통치하는 나라임을 감안하여 가끔씩 혼내 준 후 철수하여 계속 동족 국가로서 우호 관계를 유지하고자 했으므로 은나라는 그런대로 명맥을 이어 갈 수 있었다.[31] 그러나 말기에는 또다시 걸이나 무정과 마찬가지로 영웅 기질이 농후한 주(紂)왕이 등장하여 또다시 천하 제패를 노렸다.

주왕은 야심가이기는 했으나 걸과 무정의 반란 시말(始末)에 대한 성찰 후에 단군조선을 공략하기는 현실적으로 힘들다는 사실을 통감하고는 울분을 달래려고 걸왕과 마찬가지로 향락에 몰두했다. 그리고 그 결과는 하나라 말기와 마찬가지로 인민과 신하들이 문자 그대로 도탄지경에 빠질 수밖에 없는 것이었다. 이에 왕족 출신 신하인 비간·미자·기자 세 사람이 이를 염려하다가, 비간은 목숨 걸고 간언을 올린 후 산 채로 심장을 도려내어져 참살을 당했고 미자는 은신해 버렸고 기자는 미친 사람을 가장하다가 옥에 갇히는 신세가 되었다.

민심이 흉흉하게 되자 덕이 높은 제후로 알려진 서백(西伯) 창(昌)에게 세상의 관심이 쏠렸지만 엄중한 감시의 눈길 속에서 아무런 실제적 행동을 취할 수 없었다. 주왕은 그를 의심하여 아예 연금시켜 버렸는데, 서백은 자신의 영토 일부를 주왕에게 바치기로 서약함으로써 간신히 생명만은 보존할 수 있었다.

연금당하여 행동의 자유를 박탈당한 서백은 현실적으로 불가능한 반란을 도모하는 대신에 복희씨 이래 삼천여 년간 전해져 오던 역(易, 즉 복희

역)을 바꾸어 새 시대 도래의 이념적 기초로 삼고자 소위 주역(周易)을 고안해 내었다.[32] 화족 중에는 역을 이해할 수 있는 자가 드물었으나 문왕은 배달족의 문화적 영향을 많이 받은 서이(西夷) 출신이었기 때문에 그런 작업이 가능했던 것이다. 그러나 그 역 또한 만물의 상생적 조화를 목표로 하는 삼원론적 삼일 사상이 아닌 상호 대립적 개념에 바탕한 음양 사상을 기초로 만들어졌기에 불완전한 것일 수밖에 없었다.[33]

새로운 역을 만드는 데 필생의 노력을 기울였던 서백이 죽고 그의 아들 발(發)이 뒤를 이어 주(周)의 통치자가 되었어도 주왕의 안하무인격 독재는 계속되었다. 주왕은 최대의 정적인 서백이 사라진 데 대해 안심하고 아직 한창 나이의 젊은이인 발에게는 별 관심을 기울이지 않았다. 그러나 발은 부친의 사상을 이어 받아서 새 시대를 열려는 포부에 차 있었다. 그는 현자 강 여상(강태공)을 얻어 용의주도하게 모든 전략을 구상한 후, 주로 화족 계열 제후들의 종족 감정을 자극함으로써 제 편으로 끌어모아 반란을 일으켰다. 방심하고 있던 주왕은 미처 본격적으로 대비할 틈도 없이 어이없이 무너졌고, 스스로 피신해 있던 화려한 전각(녹대;鹿臺)에 불을 놓아 자살하는 길을 택했다.

무왕 발의 반란은 실제로는 명분이 별로 서지 않는 일이었고 화족을 동원하여 정권 탈취를 목표로 한 하극상을 범한 측면이 강했기 때문에, 배달족 계통의 은나라 신하인 백이와 숙제는 무왕에게 항의하여 수양산으로 들어가 고사리나 산나물 같은 것만 뜯어먹으며 살다가 굶주려 죽었다.[34]

배달족 계통 신하들이 대부분 숙청당하거나 숨어 버리자 인재난에 빠진 무왕은 당황하여 현인으로 이름난 기자를 석방시켜 정책 조언자로 삼는 한편, 미자를 불러들여 송(宋) 지방을 식읍으로 삼아 은나라 제사를 받들게 조처하는 등 유능한 배달족 출신자들을 기용하려 애썼다.[35] 기자와 미자는 무엇보다도 화족이 권력을 장악한 서토에도 배달나라(단군조선) 같은 훌륭한 홍익인간 세계가 펼쳐지기를 염원하여 일단 무왕의 부름에 응했다.

기자는 단군조선의 전래적 통치이법(理法)인 홍범구주를 우선 알려 주고자 했다. 그러나 아버지 문왕(서백 창)의 음양 사상을 신봉하게 된 무왕은, 초오행(初五行)으로부터 시작하여 통치자의 올바른 마음가짐과 하늘의 뜻에 겸허하게 따를 것을 가르치는 등, 하족의 약육강식적인 문화 및 정서와 잘 맞지 않는 조항들이 많은 것을 꺼려하여 잘 받아들이려 하지 않았다. 다만 은나라 멸망 이후 뒤숭숭해진 서토지방 동이족의 민심을 잡아 둘 수 있는 상징적 인물로서 자신의 신하가 되어 주기만을 바랐을 뿐이었다. 이에 기자는 무왕에 대한 기대를 일찌감치 단념하고 자신을 따르는 일족과 동족 일단을 이끌고 단군조선에 망명했다.

서토의 현인 기자는 단군조선으로부터 환영받는 가운데 귀화하여 서토 인접 국경 지대에 봉토를 받아 새 삶의 터전을 마련했다. 기씨의 나라는 홍범구주를 잘 실천하여 인접한 서토에 모범을 보이면서 단군조선의 변방 제후국으로서 찬란한 문화를 꽃피우며 발전해 갔다. 단군조선 자체에서도 기자가 온 후 더욱 홍범구주를 위시한 배달 문화 확립에 힘써서 당분간 모든 배달족 사회는 문화중흥의 기풍이 크게 일어났다.

그러나 모든 동아 분쟁의 요인은 여전히 화족들의 야욕으로 인하여 휴화산처럼 잠재해 있었다. 화족들의 야욕은 어떤 권모술수를 써서라도 천하 모든 땅의 주인 노릇하는 데 목표가 있었으므로, 다만 저들의 야욕을 만족시켜 줄 지도자만 나타나면 언제든지 합세할 준비가 되어 있었다. 하지만 단군조선이 압도적인 위력을 과시하고 있는 동안에는 어쩔 수 없이 기회만 엿보고 있을 수밖에 없었다.

　백여 년 이상 평화가 지속되자 당시의 주나라 목왕(穆王)은 서토의 여느 군주와 마찬가지로 향락에 빠져들었다. 그는 다분히 환상적인 도가의 신선설에 매료되어 곤륜산에 있다는 서왕모를 찾아다니는 등 민생을 도외시하고 제멋대로 놀아났다. 그에 따라 인민들은 그의 유흥비를 대는 한편 부패한 관리들에게 시달리는 등 민생이 도탄에 다시 빠져들기 시작하여 여기저기서 반란의 기운이 무르익었다. 이에 주나라 동쪽 회수(淮水) 일대 서(徐)나라를 다스리던 배달족 언왕(偃王)은 정의로운 군사를 일으켜 서토 인민을 구하려 했다.

　서언왕이 주목왕 타도에 앞장서자 동이족은 물론 36개 제후국이 서언왕 밑에 모여들어 합세했으므로 주목왕은 대세가 글러 버린 걸 알고 서둘러 강화를 시도했다. 그 결과 살상을 좋아하지 않는 서언왕이 주 왕실만은 보존해 주기로 양보하여 주나라 동쪽 절반을 떠맡는 조건으로 강화를 맺었다. 그러나 주목왕은 다시 음모를 꾸며 각 제후들에게 많은 이권을 약속하고 일시에 합세하여 서언왕을 공격했으므로 대서제국(大徐帝國)은 얼마 못 가 패망하고 말았다. 그러나 목왕은 너무나 많은 이권들을 협조해 준 제후들에게 나눠 줬기 때문에 제후들의 힘이 주 왕실보다도 강해져서, 그 이후 주나라는 거의 명목만의 종주국으로 연명해 갈 수밖에 없었다. 서토로서는 배달 문화를 건설할 수 있는 마지막 기회를 놓친 셈이었다.

4. 삼한 후반기와 서토 춘추전국시대 (기자 동래 이후)

주 무왕이 기자의 홍범구주를 제대로 실시하지 못하고 정권을 확립하기 위해 강태공의 책략을 채택하여 실리만을 추구하는가 하면, 주 목왕 때 이르러서는 제후들의 실권이 너무 커졌으므로 주나라의 실권은 자연히 힘을 바탕으로 실리를 추구하는 제후들의 쟁패전으로 화해 버렸다. 그 중에서 가장 성공적이었던 제후들은 소위 춘추오패(春秋五霸)라고 일컬어졌다. 오패의 가장 선두였던 제나라 환공은 서토 동부 지역의 배달족 근거지였던 산동 지방을 약아빠진 계책을 써서 탈취했다. 제환공의 잇단 공격을 받은 단군조선의 서쪽 변경에서는 한 때 곤경에 처했으나 곧 반격을 개시하여 제나라와 연합한 연나라의 도움까지 휩쓸어 버렸다. 그러나 서토의 패권을 장악하려는 악착같은 제환공은 서토의 모든 역량을 총동원해서 대항하여 연나라를 구원함으로써 그 위세를 높여 서토의 패자로서 당당히 군림할 수 있었다. 이 사건으로 서토 동부 지역 중심부에 있었던 배달족의 통치권이 화족들에게 일시적으로 탈취당하는 변고가 발생한 것이다. 그에 따라 서토는 홍익인간 이념으로부터 더욱 멀어져 갔고,

단지 서토를 세계의 중심으로 삼는 왜곡된 중화사관이 싹터서 오직 패자가 되기 위하여 사생결단하는 야만 사회로 치달아 갔다.

전반적인 서토의 사회 분위기가 이처럼 반이성적인 야만화로 치닫는 판국에 공자나 맹자 같은 현자들이 나타났다고 해도 이상적 인륜 도덕 사회를 지향하는 그들의 의견이 제대로 받아들여져서 실천되는 데는 한계가 있을 수밖에 없었다. 공자도 비록 서토에서 생존할 수밖에 없는 기본적 생활 여건 때문에 서토의 역사를 인류 역사의 중심으로 삼으려고 한 인간적 한계는 있었으나, 평생 제대로 된 인간 세상을 만들려고 노력해 본 결과가 너무나도 허무했기에 말년에는, "뗏목을 타고 바다를 건너서라도 군자들이 살고 있는 구이(九夷=단군조선)에 가서 살고 싶다."라고 진심을 토로했다.36 그리하여 공자 같은 대성인조차 인의예지가 꽃피는 세상 건설을 위한 뜻을 펼 수 없었던 서토는, 주나라 중앙 왕권의 통제력 상실과 함께 무서운 혼돈의 소용돌이 속으로 빨려 들어갔다.

단군조선의 통치자들은 그처럼 야만화 일변도로 치닫는 서토의 혼돈을 목격하면서 야만의 불똥이 배달 강역으로 튀지 않게 하려고 노력했다. 서토에서도 훌륭한 현인들이 아주 없는 건 아니었고 그들 나름대로 현묘지도의 일부나마 제대로 확립하여 서토를 문명화하려고 노력은 기울였으나, 워낙 기본 정서가 형이하학적 생존 본능에만 충실하려 한 화족은 현인들의 본뜻과는 거리가 먼 저들 생리에 맞는 방향으로만 아전인수식으로 이해하고자 하여, 결국은 참된 진리 추구와는 크게 달라진 서토적 학풍을 만들어 내고야 마는 것이었다.

그 가장 대표적인 것이 도교인데, 도교는 현묘지도의 신선 사상을 난세로부터 도피하려는 은둔사상 내지 개인적 불로장생 사상 정도로 변형시켜 버림으로써 실제 사회적 발전에는 아무런 기여도 할 수 없게 되어 버렸다. 유교 또한 현묘지도의 사회생활 규범을 서토 지상주의적인 중화사관에 맞춰 화족 우월주의에 기초한 사회생활 규범으로 변형시킴으로써 현묘지도에 있어서의 공존공영적인 세계일가 대화합의 원리에서 벗어나 화족에 의한 패권을 추구함으로써 천하대란의 화약고가 언제든 터지게끔 왜곡시켜 버리고 말았다.

춘추시대로부터 천여 년이나 지난 후에 서토로 전해진 불교 또한 일찍이 현묘지도의 원리가 서쪽으로 스키타이족 등을 통해 전파되어 인도지방 북부에서 싯달타를 통해 총정리된 후 다시 서토로 건너간 것이었으나, 그것은 이미 인간 최고의 완성된 존재로서의 금선(金仙=붓다=불타) 추구를 목표로 하는 게 아니라 다만 도교와 마찬가지로 개인적 해탈에 지나치게 구애되어 사회적 모범 제시와는 거리가 먼 구름 위의 논리로 변질된다.[37]

그리하여 현세적 공덕을 쌓고 현세의 업보를 추구하는 데로 치중한 모든 서토의 종교나 신앙들은, 결국 거대한 가시적 유물들만 숱하게 남긴 채, 진정한 홍익인간 세상 건설에는 하나같이 실패하고 말았다. 실로 현묘지도라는 근원이 제 아무리 훌륭했어도, 그 물줄기가 흘러가는 곳의 토양과 주민들의 취향에 따라 어떤 곳에서는 풍요로운 홍익인간의 수확을 거두고, 다른 곳에서는 오염되고 황폐화되어 흉작을 초래할 수밖에 없는 현저한 차이가 나타난다는 역사적 증거가 아닐 수 없다.

그런데 먼 훗날 배달 강역에서의 삼국 정립기에 서토로부터 역수입된 유·불·도 삼교는 모두가 이처럼 서토적 풍토에나 맞게 변형된 것들로서, 이미 삼교의 청정한 근원으로서의 현묘지도를 지켜 오고 있던 배달족으로서는 받아들일 이유도 필요도 없는 것들이었다. 그러나 춘추시대 이후 천여 년에 걸친 오랜 세월 동안 서토에서 발생한 갖가지 전란에 시달리며, 마침내 배달공동체적 중심을 잃고 서토와 유사한 대분열의 시대를 맞이한 이후의 배달족 후예들은, 서토에서 새로 포장되어 전래된 삼교를 아주 소중한 것으로 여겨 하나하나 역수입해 들임으로써, 퇴색되어 간 현묘지도의 빈자리를 대신 메꾸려고 애쓰게 되는 기현상이 나타나게 된다.

단군조선 후반기 무렵에 서토에서 제나라 환공이 패자가 되어 동이족에 대한 핍박이 심해질 무렵부터, 호전적인 화족과의 지긋지긋한 전란을 피해 동쪽 바다를 건너 왜열도로 이주하는 행렬이 시작되었다. 처음에는 단순한 피난민들의 이주였지만 왜열도에서의 이주민 비중이 커지자, 단군조선에서는 이주민들을 잘 관리하여 원주민들과 원만하게 생활할 수 있게 노력했다.

그러나 고도의 문화를 익혔던 이주민들과 문화가 크게 뒤떨어졌던 원주민 아이누(蝦夷)와 사이에는 문화적 갈등이 크게 벌어져 갔고 마침내 왜열도의 패권을 둘러싼 큰 다툼이 벌어졌다. 그에 따라 단군조선에서는 언파불합(彦波弗合)[38]과 배반명(裵幣命) 등 유능한 장수들을 잇달아 보내어 이주민을 지원하고 왜열도 서부 일대에 이주민들의 안전한 거주 지역을 확보하여 통치를 시작했다. 수백 년 후 화족이 벌인 대륙에서의 패권 투쟁의 와중에, 바다를 사이에 두고 대륙과 멀리 떨어진 지리적 관계상 단군조선의 통치력이 미치지 못하게 된 왜열도에서는 여러 부족들과 원주민들이 각각 수많은 부족 국가들을 만들어 분열과 통합을 반복하게 된다.

춘추시대를 경과하면서 서토 열국들은 강력한 군사력을 키웠고, 어지러운 난세를 옛날과 같은 태평성대로 만들어 보려는 많은 사상가들이 나타나 이른바 제자백가(諸子百家)의 활동이 펼쳐졌다. 그중에서도 가장 탁월한 논리를 전개한 유가(儒家)는 화족들의 관심을 가장 많이 모았으나 단지 이상에 그쳤을 뿐, 유가의 핵심적 주장인 인의(仁義)에 의한 덕치(德治)는 패권 경쟁에 집착한 야만적인 서토 통치배들의 현실과는 너무나 거리가 멀었다.

유교 다음으로 큰 호응을 얻은 도교 또한 유교보다도 더욱 형이상학적인 고도의 사상 체계였으나, 유교조차 실시할 생각이 없는 패권주의자들에게는 받아들여질 리가 없었다. 따라서 진정한 도교의 이상을 실천하려는 사람들은 오히려 현실정치를 떠나 패권주의자들의 탐욕이 미치지 않을 만한 외진 곳에 무리 지어 모여 살면서 세상사에서 벗어나고자 했다.

그들은 심신의 완전한 건강을 이루어 불로장생하는 것을 최고의 이상으로 삼게 되었는데, 자연히 그들은 약초의 활용법이나 각종 신체 수련법을 깊이 연구했다. 그리하여 서토에서는 도교가 홍익인간 세계 구현을 목표로 하는 원래의 현묘지도로부터는 멀리 떨어져 갔으며, 단지 극히 개인주의적인 불로장생술 내지는 불사신이 되는 비법으로만 발전하게 되었다.

여하튼 강성한 무력을 구사할 수 있게 된 서토 여러 나라들은 서로 영토를 확보하려고 다투는 한편, 예전에 무력이 약할 때는 감히 엄두도 못 냈던 주변 동이족이나 북방 유목 종족(호;胡)들에 대해서도 공세를 펼쳤다.[39] 그에 대하여 황하 이북 지역에 광범위하게 어울려 살던 동이족과 북방 종족들은 크게 반발하여 분쟁이 계속되었고, 서토 북쪽 언저리의 여러 나라들은 저들이 약취한 영역의 가장 북쪽 경계에 높은 담장을 다투어 쌓아서, 저들이 획득한 영토를 완전히 확보하려 했다.

단군조선과 국경을 맞댄 연나라는 전국(戰國) 중 국력이 가장 약했으므로 서토를 제패할 능력이 없었다. 그 대신 인근의 제나라와 긴밀한 제휴를 여러 번 맺고, 단군조선과도 화·전(和戰) 두 방법을 형편에 따라서 구사함으로써 명맥을 유지했다. 그러나 뚜렷한 임자조차 없는 서토의 패권을 완전히 단념할 수는 없었던 연의 통치자들은, 국력을 확충하려고 단군조선의 서쪽 지역인 불조선을 넘보다가 기어코 불시에 기습적 침략 전쟁을 벌였다.

　예상치 못한 사태에 불조선의 방어선은 일시적으로 무너졌으나 곧 군세를 정비하여 대대적인 반격을 펼치고, 오히려 연의 방어선을 돌파함으로써 연나라는 도읍지(계;薊)까지 함락될 지경에 몰리고 말았다. 이에 당황한 연왕은 어린 공자(公子) 한 명을 인질로 보내고 많은 배상을 치르는 방법으로 간신히 멸망을 모면했다. 연의 공자는 복수심을 감추고 불조선인들에게 잘 복종함으로써 큰 신임을 얻고, 수십 년간 인질 생활을 한 후에 다시 연나라로 돌려보내졌다.[40]

　그러나 불조선의 온갖 국가 정세와 지형지물들을 속속들이 파악하고 본국에 돌아간 공자 진개는 스스로 대장군이 되어, 그동안 비교적 충실해진 연의 국력을 총동원하여 불시에 기습적 침략을 감행했다. 진개를 돌려보냄으로써 연나라와 평화 우호적 관계가 이루어진 걸로 여기고 경계심을 풀고 있던 불조선은 초반전에 완전히 무너져 일시적으로 천여 리나 물러났으나, 기자의 후예 기후(箕詡)가 이끄는 수유(須臾;기자의 이름 서여〈胥餘〉에서 유래되었다 함) 병력의 긴급 후원에 힘입어 다시 강토를 수복하고, 당시의 요하(遼河;지금의 난하)를 임시 경계로 하여 연나라와 대치했다. 이로써 연은 서토의 패자가 될 역량을 축적할 수 없게 되었을 뿐만 아니라, 기껏 강력한 우호 관계를 맺을 수 있었던 불조선을 완전히 적국으로 만들어 버림으로써 오히려 사면초가의 난맥상을 자초하고 말았다. 그리하여 고립무원에 빠진 연나라는 마침내 얼마 안 가서 서토의 패자인 진나라에 멸망당함으로써 자신의 실책에 대한 값비싼 대가를 치르게 되고야 말았다.

　당시 불조선 임금(불한)에게는 후사가 없었기 때문에, 불조선을 지켜내는 데 결정적인 공헌을 한 기후가 불한으로 추대되어 통치하게 되었으므로, 그 후 불조선은 기자 조선으로도 알려지게 되었다.

5. 삼한 열국시대사

 단재 신채호 님이 간파했듯이 서토의 주나라 설립 이후 배달족과 화족의 갈등 저변에는 종교 사상적 이질감이 자리 잡고 있었다. 그것은 배달족의 삼신오제설(三神五帝說)과 화족의 음양오행설(陰陽五行說)의 갈등이라고도 할 수 있으며, 현묘지도(玄妙之道)와 패도(覇道)와의 차이라고도 할 수 있고, 상생 조화와 약육강식의 차이라고도 할 수 있다.
 모든 사유(思惟)와 생활 양식을 삼신 일체의 조화로운 우주 법칙에 따라 펼치며 살았던 배달족의 현묘지도는, 오로지 탐욕과 패권 추구를 목적으로 온갖 권모술수를 일삼은 화족들로서는 도저히 이해도 실천도 할 수 없는 높고 먼 것임에 틀림없었다. 그런 차이는 곧 배달족의 사상적 기반인 폭넓은 홍익인간주의와 화족의 편협하기 그지없는 중화 패권주의라는 양상으로 역사적 전개가 이루어지는 단서가 되었다.
 서토는 진나라로 통일된 후에도 통치술의 난맥상과 연이은 간웅들의 발호로 다시 수차례의 내란에 휩싸였는데, 그때마다 전란을 피하여 많은 서토 난민들이 삼한 땅으로 몰려들었다. 그리고 홍익인간 정신에 투철한 배달족은 그들의 곤경을 차마 외면하지 못했기에, 그들이 살아갈 만한 정착 터전을 곳곳마다 마련해 주었다. 그러나 서토에서의 쟁패전과 상쟁적 사고방식에 이미 물든 그들을 마냥 따뜻하게 맞아 준 것은, 가끔씩 삼한 자체의 분란 소지를 키워 버린 결과가 되기도 했다. 하지만 정처 없는 난민들에게 당장 살길을 마련해 준 어진 천성에야 무슨 허물이 있겠는가? 살려 준 은혜에 보답은 못 할망정 서토에서 익힌 악습대로 배은망덕한 망동을 자행한 간사한 무리들에게 더 큰 문제가 있다고 봐야 할 것이다.

이천여 년간 지상 천국을 구가하며 그런대로 꿋꿋이 버텨 온 단군조선도, 서토 패권주의자들의 북새질에 자극받은 일부 간웅들의 등장으로 마침내 내분이 발생하여, 최고 통솔자 신한(단군)의 권위가 현저히 약화되고 만다. 그리하여 마지막 단군 고열가는 사태를 수습할 수 없음을 통탄하며 열성조들께 속죄하고자, 통치권을 포기하고 아사달 산중으로 수도사의 길을 떠났다.

이에 인민의 추대를 받아서 새 변혁의 시대를 이끌 만한 단군 후보자를 물색하지 못하는 통치력의 공백기가 초래되었는데, 그에 따라 당분간 오가(五加) 대표들의 협의에 따라 정령을 행하는 공화제가 실시되어 임시적으로나마 국가 권력이 와해되는 사태를 막았으나 혼란 상태는 피할 수 없었다. 서토의 야심가들은 이를 좋은 기회로 알고 배달 강역을 탈취하려는 야망을 더 한층 불태움으로써 배달족으로서는 일대 위기가 닥친 격이었고, 인민들의 불안감은 더욱 심각한 지경으로 빠져들고 말았다.

수년간 혼돈 속에 간신히 지속되어 가던 공화정은, 천제의 자손임을 공언하며 민심을 사로잡는 데 성공한 대영웅 해모수의 출현으로 새로운 계기를 맞게 되었다. 해모수는 배달족 구심력의 중심인 삼신교의 중흥을 강력한 구호로 내세우는 등, 종교적 열정에 바탕을 둔 대단결을 호소함으로써 큰 호응을 얻어 단군으로 추대되었다.

그는 수십 개로 분열되어 수립되었던 대부여 말기의 여러 부족 국가들 중에서, 우선적으로 그를 단군으로 추대하는 데 동의한 북부 지역의 대부분 지역을 자신의 관리하에 두고 국호를 북부여로 개칭했다. 말조선을 비롯한 북부여의 남쪽 지역은 여전히 수십 개의 소국들로 나뉘어 자치적으로 운영했고, 서토와 인접한 변경은 불조선이 중심되어 잘 운영했다.

수백 년에 걸친 오랜 전란 끝에 서토 최초로 통일 국가를 이룬 후 황제국이라고 자칭했던 진나라도 불과 삼십 년이 못 가서 다시 내란으로 사분오열되었는데, 이를 다시 통일한 간웅 유방은 국호를 한(漢)으로 하고 조금이라도 새 왕조에 위협이 될 만한 사람들은 모조리 처형하거나 관직에서 몰아내는 강경책을 썼다.

그는 대외적으로도 무력을 앞세워 새 나라의 위세를 드높이려고 했으나 북방의 강족(强族)인 흉노를 얕잡아 보고 수십만 대군을 몰아 친정에 나섰으나 패전을 거듭했다. 산서성 북부의 평성(平城)에서는 흉노의 대군에게 포위당하여 몰살 위기에 처하기도 했다. 그는 흉노에 대한 미인계와 조공 약속으로 간신히 살아 돌아간 후에 다시는 감히 북방을 넘볼 엄두를 내지 못했다. 흉노의 위력으로 대외적 팽창이 좌절되자 유방은 내정 단속에 집중하게 되었는데, 개국 공신들마저 의심 많은 유방의 사냥 표적이 되어 차례로 처형당하는 공포 정치가 계속되자 서토의 북쪽 변방에 좌천당했던 관리들이 흉노로 망명하는 일도 벌어졌다.

유방 사후에 어린 왕 대신 섭정을 맡은 여후(呂后) 또한 공포 정치를 실시하며 공신들에 대한 숙청 작업을 계속했다. 유방과 같은 고향 친구로서 연왕(燕王)에 임명되었던 개국 공신 노관 또한 시시각각으로 조여들어 오는 파멸의 위기를 피하고자 흉노로 도주했는데, 그의 휘하에 있던 위만도 그와 연루되어 언젠가는 처벌받을 것을 우려하여 무리 수천 명을 이끌고 불조선 쪽으로 도망했다. 불조선 임금인 기준은 그의 정상을 가엾게 여겨서 위만의 무리들로 하여금 한나라와의 국경 지대를 지키도록 관대한 조처를 내렸다.

그러나 위만 또한 서토에서 배운 것이라고는 약육강식의 권모술수밖에 없던 자여서, 얼마 후 한나라가 공격해 들어온다고 거짓 보고하며, 왕성을 지키겠노라고 자신의 휘하 군사를 몰고 와서 그대로 왕성을 점령해 버렸다. 철석같이 믿었던 위만의 배신에 졸지에 습격당한 기준왕과 왕족 및 문무백관들은 미처 맞아 싸울 겨를조차 없는 급박한 상황에서 발해만 해안으로 쫓겨 갔고, 거기에서 온갖 종류의 배들을 모아들여 나눠 탄 후 정처 없이 표류하다가 한반도 중서부 지역에 도착했다.

당시 말조선 영역이었던 한반도는 신조선의 후예였던 대부여와 마찬가지로 중앙 정권이 와해되어 수십 개의 부족 국가로 분립해 있던 혼란 상태였는데, 하나의 국가 체계를 완전히 갖춘 수천 명의 망명 집단이 정착하게 되자 그들은 곧 인근 부족 국가들부터 합병하기 시작하여 한반도 중남부 지역에서 마한을 건설하고 강력한 힘의 중심으로 자리 잡았다.

한반도 북서부 지역에는 역시 불조선 지역으로부터 망명한 최씨 일가의 낙랑군 이 건설되었고, 북동부 지역에도 예(濊)족이 몰려와서 동예(東濊)를 건설하여 서로 별 다툼 없이 자연스러운 분립 구도가 형성되었다. 그 후로도 서토와 위만 조선 지역으로부터의 난민 이주는 계속되어 일부는 마한 땅에 정착하고 다른 일부는 왜열도까지 표류해 가서 제각기 새 삶의 터전을 마련하고 살아갔다.

비록 삼일신관에 기초한 삼한관경은 해체되어 크고 작은 여러 나라들로 분립했지만 그래도 신시와 단군조선으로부터의 유풍은 많이 남아 있어서 문화적 공동체임을 과시했다. 각 나라마다 명칭과 형식은 조금씩

달랐으나 천손 민족으로서의 정체성을 확인하는 성대한 제천 의식은 그대로 이어져, 부여에서는 영고(迎鼓), 예에서는 무천(舞天), 고구려에서는 동맹(東盟) 등의 행사가 거행되었으며, 한반도 동남쪽에 최후로 자리 잡은 진한에도 소도(蘇塗) 풍습이 남아 있었다.[41]

그런 가운데 분열된 군소국들을 다시 하나의 통치권 아래 단결시켜서 이미 강대한 통일 국가를 완성한 서토나 흉노의 야심가들에 의한 본격적 도전에 대응해야 한다는 민족적 자각이 일어났다. 그 결과 단기 24세기 초반(서력기원 전후)에 옛 삼한의 강역은 고구려·백제·신라·부여·가야·낙랑 등 몇 개의 큰 나라들로 통합되어 갔고, 다시 수백 년이 지나면서 최종적으로 고구려·백제·신라·가야 네 나라로 정리되었다.[42]

6. 삼국 및 가야의 정립(鼎立)

　배달족이 강성해지자 서토의 화족 국가들 또한 배달족을 제압하고 천하의 패권을 확립하려는 야욕을 더욱 불태웠다. 그러나 자신들 내부에서 발생한 내란으로 분열을 자초하여 오히려 오호(五胡)로 알려진 주변 여러 종족들로부터 대대적인 공격을 받아 화족 정권은 강남으로 쫓겨 갔다. 고구려·백제는 그 기회에 잃어버렸던 서토 지방의 고토(故土) 회복을 도모하여 큰 성과를 거두고 서토 군소국들에 대한 통제력을 발휘했다.[43] 그런 저력은 단군조선 때부터 이미 용맹으로 이름을 떨친 수두(소도) 무사단의 후예인 조의선인(皂衣先人) 등 강력한 군사력에서 비롯된 것이었다.
　또한 이 시대에 서토로부터 수입된 불교는 고유 신앙과 습합하여 각 나라들의 문화와 역사에 큰 영향을 끼쳤고, 신시시대부터 존재했던 풍백·우사 등 농업 신 숭배와 천신 숭배 사상이 상호 문화 교류가 잦았던 서토의 풍습에 영향을 받아서 영성(靈星)·사직(社稷)에 대한 제사 의례로 공식화되었다.[44]
　삼국 중에서 가장 세력이 약하여 고구려의 보호를 받고 있다시피 하던 신라도 뒤늦게 왕권을 확립하고는 국력 신장을 위한 다각적인 방법을 모색했다.⁴⁵ 소도의 전통이 소박한 형태로나마 가장 늦게까지 원형을 유지하며 전해지고 있었던 신라는, 거칠부가 고구려 공격 때 고구려 승려 혜량(惠亮)을 데려옴으로써 새로운 국면을 맞았다.⁴⁶

혜량은 고구려의 강성을 뒷받침해 주던 조의 제도와 제천의례에 불교적 색채를 가미하여 신라에서 시행하는 데 큰 역할을 했다.⁴⁷ 그리하여 조의 제도와 맞수가 될 화랑제도 및 신라식 제천의례인 팔관회가 개시되었다. 백제 또한 고구려의 전통과 유사한 점이 많았으므로 비슷한 제도들이 있었을 게 분명하지만, 백제 말엽 계백장군과 오천 명 용사들의 초인적인 용맹과 지략이 전해져 오고 있음에도 불구하고 백제의 무사 제도에 관한 상세한 문헌 기록은 대부분 멸실되어 버리고 말았다. 오직 화랑제도와 팔관회에 대해서만은 그런대로 적지 않은 자료들이 전해져 오고 있어서 그로 미루어 삼국 정립 시기의 배달족 문화를 엿볼 수 있을 따름이다.

그 자신 나말여초(羅末麗初)의 신라인이며 대학자인 최치원은 "나라에 현묘지도가 있어서 풍류라고 일컬으며 세 교(유교·도교·불교)를 포함한다."라는 기록을 난랑비 서문(鸞郎碑序文)에 남겼다.⁴⁸ 화랑은 풍월주(風月主)라고 불리기도 했다고 하므로,⁴⁹ 화랑들은 풍류교의 무사단으로서 단군조선의 선인(仙人)들을 통하여 만들어지고 전승되어 오던 현묘지도의 요지를 배우고 가르치는 역할을 했을 것으로 볼 수 있다.⁵⁰

그러나 원래의 현묘지도가 신라에서는 풍류라는 신라적 형태로 가다듬어지고,⁵¹ 화랑 또한 현묘지도의 요지를 습득하는 데 노력했더라도, 신라의 발전을 최우선적 가치로 삼은 지극히 국수주의적인 상무 정신 함양에 중점을 두고 신설한 화랑제도는, 다 같은 천손으로서의 배달족 대단합에 의한 폭넓은 홍익인간 실현이나 배달공동체 건설과는 다소 방향을 달리하여 나름대로의 설치 목적에 충실하게 발전해 갔다.

화랑제도 확립 불과 수십 년 전에 이차돈의 순교로 말미암아 포교가 활발해졌던 불교는 그 후 진흥왕의 적극적인 국가발전 전략에 따라서 팔관회를 거치며 국수주의적 호국 불교로 고착되어 갔다. 그중에서도 장차 미래불(未來佛)인 미륵불이 나타나 지상극락인 용화세계를 건설한다는 소위 미륵 신앙이 급속히 파급되어 화랑들에게도 커다란 영향을 끼쳤다.52 즉, 화랑은 국가에 대한 충성심과 더불어 신라를 통한 미래의 용화세계 건설이라는 절대 신앙적 사명감을 강하게 지니게 되었던 것이다.53 이와 같은 신라 국수주의와 범인류적 미래 종교관이 기묘하게 결합된 이상, 목표는 하나일 수밖에 없었다. 즉, 신라에 의한 세계 제패를 통하여 용화세계를 건설하는 것이었다.

　화랑들은 미륵선화(彌勒仙花)라는 명칭이 따라다닐 정도로 이러한 국수적 신앙의 화신이었으므로 죽음도 두려워하지 않는 엄청난 정신력과 감투 정신의 소유자가 될 수 있었다. 그것은 신라로서는 다행스러운 현상이었으나 서토 및 외족과 맞서 함께 힘을 모아 경쟁해야만 했던 전체 배달족의 관점에서는 과히 바람직하지 못한 성향일 가능성도 암시하고 있었다.

　일단 신라 중심의 용화세계 건설이라는 단순명료한 목표를 설정한 이상 가까운 나라들부터 정복하여 신라의 영토로 만드는 게 화랑들이 당면한 과제가 되었다. 그러나 신라인들의 넘치는 포부나 이상과는 달리 고구려와 백제는 화랑들의 감투 정신에도 불구하고 막강한 위력으로 오히려 신라를 곤경에 빠뜨리곤 했다. 이에 신라의 통치자들은 우선 화족들과 합세하여 가까운 동족 국가들부터 무너뜨린 후, 다음 순서로 화족도 정복한다는 나름대로의 원교근공책을 채택하여, 서토에서 강력한 통일 국가로 등장한 수·당 등의 힘을 빌리려 했다.

천하 제패의 야망에 불탔던 수나라는 신라와 다른 속셈을 가진 채 양국 간 동맹을 맺은 후 수차례에 걸쳐 고구려를 침략했다가 전멸적인 패배를 당한 끝에 내란이 일어나 멸망하고 말았다. 반란으로 수립된 당나라도 태종 이세민의 천하 패권 장악 야욕으로 수차례 침략을 시도했으나 실패하고 오히려 안시성에서 눈에 화살까지 맞아 그 후유증으로 사망하는 등 목적을 이룰 수 없었다.[54]

그처럼 서토의 패권 국가들과 고구려가 건곤일척의 대격돌을 벌이고 있는 틈을 타서 신라는 화랑들을 앞세워 수비력이 약해진 고구려의 남동부 지역을 공략하여 영토를 넓히는 등 실리를 확보해 갔다. 신라가 끈질기게 백제와 고구려의 배후에서 일련의 와해 공작을 지속하는 과정에서 고구려의 대수(對隋) 전쟁 중 고구려와 사이가 벌어졌던 백제가 나당 연합군의 집중 공격으로 도성을 유린당하고 임금은 당나라 도읍인 장안으로 끌려가고 말았다. 백제인들은 부여복신의 지휘하에 맹렬한 복국 운동을 벌였으나 마침내 멸망의 비운을 맞았으며, 많은 백제인들은 나당 연합군의 학살과 약탈을 피하여 배를 타고 백제의 식민지가 있던 왜열도의 서쪽 지역으로 대거 망명을 떠났다. 그들은 왜열도의 일족들과 합세하여 강고한 방위 태세를 굳혔고, 그중 유능한 자들은 왜의 정치에도 참여하여 중요한 직위를 맡게 되었다.

백제가 멸망당한 후 남쪽의 나당 연합군과 서쪽의 당 주력군으로부터 협공을 받게 된 고구려는 극도로 국력이 소진된 데다가 대당 투쟁의 일선에서 지휘하던 대막리지[55] 연개소문의 사후 통치권과 대외 항쟁을 두고서 국론 분열이 초래되어 단결력이 약화되면서 방어선이 무너진 끝에 황족과 귀족 등 20여만 명이 포로가 되어 서토로 끌려가는 비극을 맞이했다.[56] 그러나 그럼에도 불구하고 고구려인들은 용맹스러운 장군들을 중심으로 곳곳에서 영웅적인 투쟁을 벌이며 고구려의 혼을 꺼뜨리지 않고 복국 운동에 정열을 쏟았다.

신라의 원래 계획은 고구려·백제를 멸망시킨 후 곧 당나라 세력도 쫓아내고 힘을 축적한 후 서토는 물론 전 세계를 전륜성왕처럼 정복하여 용화 세계를 이룬다는 것이었으나, 천하 제패를 노린 음흉한 당나라 측은 그 반대로 고구려·백제를 멸망시킨 후 신라마저 정복하려는 동상이몽을 연출하고 있었다. 두 나라는 결국 얼마 못 가서 패권 투쟁을 벌였으나 신라 혼자 힘만으로는 이길 가망이 없다는 사실이 명백해졌다. 이에 곤란에 처한 신라의 화랑 출신 대장군 김유신과 문무왕은 고구려 유민들의 (배달) 민족 감정에 호소하여 삼한일가론(三韓一家論)을 내세우며 대당 투쟁에 동참시킴으로써 비로소 당군을 삼한 강역에서 몰아내고 일시적으로나마 명실상부한 삼국 통일을 이룩한 듯했다.

* 김유신과 문무왕은 가야 왕족 출신이고, 가야가 신라에 병합된 후 신라에서 중요한 지위를 얻음 *

고구려 유민들은 신라 측으로부터 응분의 대가를 받아서 복국을 이룩하려 했던 것인데, 고구려 재건을 용인할 의향이 전혀 없었던 신라 측에서는 옛 백제 땅이었던 금마군(익산 지역)에 일시적 터전을 마련했던 고구려 유민들의 총지휘자 고안승을 경주로 유폐시키는 파렴치한 배신 행위를 저질렀다. 고구려 유민들은 그러한 조처에 반발하여 옛 고구려 강역에서 전반적인 봉기를 일으켜 신라의 통치력을 마비 내지 와해시켜 버리고 무정부 상태를 초래했다.

삼십여 년간 그와 같은 혼란 상태가 계속되던 끝에, 당나라에 끌려가 영주 지방에서 억류 생활을 하던 고구려 유장(遺將) 대조영이 말갈 출신 장수 걸사비우 등과 함께 탈출해 돌아와서, 고구려 유민들을 규합하여 후고구려[57]를 선포하고 고구려의 강역과 인민들을 대부분 회복했다. 후고구려의 강력한 고토 회복 투쟁에 의하여 옛 고구려 영토로부터 축출당한 신라는 결국 대동강 이남 지역만 차지할 수 있었으니 삼국 통일 아닌 백제 합병에 그치고 말았던 것이다. 광신적 국수주의에 들떠서 삼국을 통일하려던 신라의 야심 찬 계획은 결과적으로 동족 배신과 동족상잔이라는 매우 바람직하지 못한 역사적 평가를 면할 수 없게 되었다.[58]

후고구려와 어정쩡한 대립이 계속되는 가운데 당나라나 신생 일본국과는 교류가 활발해진 상태에서 비교적 오랜 평화시대가 지속됨에 따라 화랑들의 열정도 가시적인 목표를 잃고 급속히 시들어 갔다. 본래의 강용무쌍하던 기상 또한 약화되어 가서, 팔관회나 제천의례 때 가무음곡 정도를 담당하는 등 국수주의 화신으로서의 진면목마저 잃어 갔다. 풍류도 또한 현묘지도의 요체(要諦)를 상실하고 그저 산천 유람하며 즐기는 외형적 요소만 과장되며 그 본뜻이 변질되어 갔다.[59] 반도 안에서의 생존에 안주할 수밖에 없게 된 신라는 이미 진취적인 기상과 국가적 통합력을 상실한 채, 상류층의 사치 생활 및 총체적인 사회적 부패와 함께 호족들의 세력이 강화되면서 점차 망국의 길로 빠져들어 갔다.

진흥왕 무렵 이후 신라의 팽창 정책에 화랑제도와 함께 큰 역할을 한 신라 불교는, 한편으로는 광범위한 미륵신앙을 널리 퍼뜨렸지만 그 기반에는 삼한 이래의 선교적(仙敎的) 요소와도 깊이 융합되어 있었다. 그것은 사실 최치원이 증언한 대로 불교의 유입 이전에도 선교(현묘지도)에 이미 불교를 포함한 삼교(三敎)의 핵심 교리를 다 포함하고 있었기 때문이기도 한데, 어차피 뒤늦게 새로이 변형된 형태로 전래된 불교 자체가 선교의 한 부분에 불과했기에 당연한 일이기도 했다. 따라서 단지 석가모니의 가르침 하나만을 신봉하는 서토의 불교보다도 훨씬 더 큰 사상적 포용력을 가지고, 선화(仙化)한 명승(名僧)들을 다수 배출할 수가 있었던 것이다. 원효는 그런 명승들 중에서도 독특한 경지를 개척한 고승으로 유명하다.

일체의 구속으로부터 벗어나 대자유인이 되는 것을 최고의 불법으로 파악한 그는 스스로 자유인의 진면목을 몸으로 표현하는 데 열중했다. 그러한 그의 행동은 때로는 미치광이 같기도 하고 때로는 술주정뱅이 파계승 같기도 하며, 걸인과 천민들과도 자연스럽게 어울리기도 하는 등 거침이 없었다. 그러나 일단 법회에서 강론을 하거나 불경 해설서를 써 낼 때는 도도한 논지를 막힘없이 풀어냄으로써, 심신이 아울러 득도의 경지에 머무르고 있음을 알아볼 수 있게 했다. 그것은 진정 심오한 불법의 진리를 체득한 자만이 도달할 수 있는 높은 경지였고, 저잣거리에서 가무음곡을 즐기며 염불을 외는 간단한 방법으로 지상극락을 이룰 수 있음을 민중에게 설파하며 노닌 그는, 그대로 불교의 모태이기도 한 진정한 풍류도를 깨닫고 실천한 위대한 각자(覺者)로 평가된다.

그러나 인류 사회 어디에서나 대개 그러하듯이 그의 경지를 공감할 수 있는 자들은 많지 않았고, 마음의 깨달음이 아닌 다분히 환상적인 지상천국 용화세계가 나타나기만 학수고대하는 맹목적 신앙에 대부분 미혹된 게 신라 불교의 말기적 현상이었다. 그리고 그와 같은 분위기에 힘입어 구세주 미륵을 자처하며 혹세무민하는 자들이 가끔 나타나 민중을 홀렸고, 마침내 내란에 빠져들어 간 신라 말기에는 자칭 미륵인 궁예가 등장하여 태봉국을 세워 황제가 되기까지 한다.

7. 고려와 남북조 시대

신라 말기의 내정문란으로 인하여 각지의 호족과 영웅들이 잇달아 군벌을 형성한 끝에 후고구려와 후백제가 신라와 함께 수십 년간 치열한 쟁패전을 벌이며 삼국시대를 연출했다. 처음에는 견훤이 세운 후백제가 강세를 보였으나 궁예의 후고구려 세력이 막강하게 성장하여 국호를 태봉으로 바꾸고 강력한 신정(神政)정치를 실시했다.[60] 궁예는 스스로 난세를 청산하고 용화세계를 건설할 구세주 미륵불의 화신으로 자처하며 마치 신처럼 군림했으나, 갈수록 비정상적으로 의심이 많아지고 폭정이 심해져서 자신의 왕비와 자식들마저 처참하게 살해하는 등 광망(狂妄) 상태에 빠지자 여러 신하들이 왕건을 추대하고 궁예를 축출해 버렸다.

후덕하고 포용력이 넓었던 왕건은 국호를 고려로 변경하여 고구려의 역사적 계승자임을 명백히 하면서, 호족들은 물론 견훤과 신라 왕실까지도 자신의 편으로 끌어들이는 대화합책을 견지한 보람이 있어서 동족 간의 희생을 최소화하며 후삼국을 통일하는 데 성공했다.[61]

비슷한 시기에 거란의 급습에 의하여 대진국이 멸망하고 황족을 비롯한 수십만 명의 유민이 피난 오자, 왕건 태조는 같은 고구려의 후예임을 강조하면서 모두 받아들이고 거란과의 경계 지역(주로 청천강 이북 압록강 이남 지역)에 거주할 수 있도록 조처를 취했다. 실상 거란도 배달족의 오랜 후예로서, 서토의 당나라가 내분으로 멸망한 후 수립된 소위 오대십국(五代十國)을 강박하여 만리장성 이남의 연운십육주(燕雲十六州)를 할양받고, 그 후 송나라로부터는 막대한 연례 조공을 확보하는 등 막강한 위세를 떨쳤다. 하지만 고구려의 후예를 자임한 고려로서는 옛 고구려의 영토를 송두리째 장악하고 패자로 군림하려는 거란을 좌시할 수 없는 사정이었다. 따라서 두 나라 사이에는 진정한 고구려의 후예가 어느 쪽인가를 가리기 위한 수차례의 대규모 충돌이 벌어지고 말았다.

고려조에 들어와서도 배달정통적 문화의 큰 줄거리가 다소 약화된 채로나마 핵심만은 이어졌다. 고려는 최종적으로 신라로부터 양위받는 형식으로 나라를 세웠지만, 태조 왕건은 고구려 옛 땅 회복을 염원하여 국호를 고려로 했기에, 강인한 상무 정신을 함양하는 방법으로 삼국시대 호국 의례로서의 팔관회와 고구려 조의선인 제도를 현실에 맞게 채택했다. 화랑은 이미 이름만 남아 있을 뿐이었고, 고구려 후예들과의 연합 내지 평화적 공존을 염두에 둘 때 장려할 수 있는 명칭이 아니었다. 따라서 고려는 삼한 이래 수두 무사단의 대표적 명칭인 선랑(仙郎)을 조의들의 칭호로 삼았으며, 그들 중 뛰어난 대표적 선비는 국선(國仙)[62]이라 칭했다.

거란이 서토에 집중하는 동안 대진국 고토에서는 다시 군웅들이 일어나 활발한 복국 운동을 벌여서, 압록강 이동 송화강 동쪽 대부분을 장악하여 정안국(定安國)과 오사성발해국(烏斯城渤海國) 두 나라를 세웠다. 이 두 나라와 고려가 연합하여 거란을 공격할 가능성이 커지자 거란 성종은 미연에 사태를 방지하려고 고려를 압박하기로 했다.

마침내 소손녕을 총사령관으로 하는 80만 거란대군이 압록강을 건너

노도와 같이 공격해 왔으나, 대진국 출신 장수 대도수가 지휘하는 대진국유민의 군세와 고려군은 안융진에서 잘 막아 내어 전투는 소강상태로 접어들었다. 고려 조정에서는 화·전(和戰) 양론이 분분하던 끝에 당대의 명신 서희가 거란과 담판을 벌이기로 했다.[63]

팔십만 거란 대군의 기세를 배경으로 한 소손녕의 오만한 태도에도 불구하고 서희는 조금도 위축되지 않고 당당하게 거란의 침공이 부당함을 역설했다. 사리가 명확한 서희의 논리에 압도된 소손녕은 철군을 결정하고 서희를 후하게 대접해서 보냈을 뿐 아니라, 철군 도중에 생여진(거란에 항거하고 있던 대진국 유민들)이 할거하고 있던 강동 6주를 습격해서 고려 측에 선물 삼아 그 지역 관할권을 넘겨주는 등 뜻하지 않은 호의까지 보였다.[64] 그러나 고려 측은 이 기적적인 성과에 기뻐하면서도, 언제 다시 변할지 모를 거란의 변덕스러운 성향에 대비하여 군사적 대비책을 더욱 강화했다. 거란은 그후 두 번 더 수십만 대군을 동원하여 고려 침공을 시도했으나 조의선랑(皁衣仙郎)들을 선두로 결사 항쟁과 신묘한 지략을 병행한 고려는 끝내 방위에 성공할 수 있었다.[65]

고려는 그 후에도 고구려의 방계(傍系) 종족인 여진과의 공방전, 금나라와 원나라로부터의 압박 등 여러 차례 국가적인 대규모 변란을 겪었으나, 상하가 일치단결하여 잘 해결해 나갔다. 그것은 전적으로 태조 왕건의 유훈이었던 팔관회와 연등회 등 국가적 의례로 민족 공동체 의식을 확고히 다지고, 국선과 조의 등 선랑들을 존중함으로써 평상시에도 상무 정신을 함양하고 유사시에는 신속한 항쟁 태세를 전개할 수 있었기에 가능했다.[66] 그처럼 강력한 상무 정신을 바탕으로, 예종 때 윤관대원수는 여진의 근거지를 공략하여 아홉 성을 쌓고 고려 영토에 편입시키는 등, 고려시대를 일관한 선랑들의 기풍을 과시했다.[67]

잘 알려진 대로 고려 낭가는 묘청의 서경천도운동 사건 이후 현실주의적 유가들로부터 큰 타격을 받고 현저히 그 세력이 약해졌다. 천도 운동에 앞장섰던 당대의 지도자 격인 낭도들이 김부식 중심의 유가 세력에 의하여 철저히 숙청당했던 것이다. 그럼에도 불구하고 선랑들이 호국 항쟁에 앞장서던 용맹한 전통과 기상은 연면히 이어져서, 몽골의 침략 때도 처인성 등에서 맹활약하고, 원나라와의 강화 조약이 맺어진 후에도 삼별초 등은 항쟁을 멈추지 않았던 것이다.[68]

강화 조약 이후 몽골과의 관계는 모든 면에서 매우 급속도로 긴밀해졌으나, 점차 내정 간섭이 심해지자 국가 의식과 민족 의식이 각성되어 역사에 대한 관심이 고조되었다.[69] 그중에서도 당대의 고승 김일연이 저술한 삼국유사는 삼국은 물론 그 이전의 고대사까지 망라한 많은 사료들과 설화들을 결집함으로써 민족사 연구의 큰 토대가 되었다. 저술자의 특성상 불교적 관점이나 설화가 강조된 점은 피할 수 없었으나, 그런대로 유교적 관점에서 다소 무미건조하게 서술했던 김부식의 삼국사에서 누락되었던 다양한 고대사 자료들을 수록함으로써, 보다 포괄적인 민족 역사 인식에의 교두보를 마련했다고 평가된다.

그러나 고려 또한 오백여 년 사직의 말기로 가면서 낭도(郞徒)가 쇠퇴함과 더불어,[70] 낭도의 양육 기관이기도 했던 사찰들마저 이권 추구로 인민의 상전으로 군림하며 특권 계층화되면서, 원나라 영향을 받아 비대해져 간 일부 귀족 계급의 창궐과 함께 인민의 생활이 피폐화하는 부작용이 초래되었다.[71] 그리하여 미신화·이권화한 사찰의 폐단에 대해 강한 비판이 터져 나오고 마침내 불교가 몰락하는 와중에 선교도 함께 쇠락해 가게 되었다. 그리고 그에 대한 대안으로 송나라의 주희가 기존의 유교에 다분히 관념적인 성품 이론을 합성한 성리학이 유학자들을 중심으로 급속히 파급되어 새 시대의 이념으로 자리 잡아 갔다.

8. 조선시대

　조선의 건국은 문무를 겸전한 용장 이성계와, 불세출의 경략가 정도전과, 충성스러운 여진족장 퉁두란의 합작품이라고 할 수 있다. 정도전은 고려 말엽 민중 피폐상의 원인을 지나치게 속물화한 불교 사찰들과 왕족·귀족들의 세력 비대화 때문인 것으로 파악했다. 그는 유능하고 청렴한 관료들이 부와 권력의 지나친 편중을 강력히 견제하면서 국리민복 향상에 최고의 가치를 두는, 유교의 기본 원리에 충실한 성리학적 이상 사회를 건설하고자 했다. 또한 이성계와 의형제를 맺은 퉁두란은 동여진(야인 여진)의 막강한 무력으로 개국 사업을 도왔다.[72]

　정도전은 광신적인 백련교도 무리들을 동원한 반란으로 원나라를 무너뜨리고 서토의 패권을 차지한 신흥 명나라의 맹렬한 기세를 고려 말기의 피폐한 국력으로는 감당하기 힘들 것으로 판단하여, 일단 국정을 바로잡아 국력을 기른 후 기회를 봐서 요동 공략에 착수하려는 계획을 세우는 등 국가 발전 전략을 짜는 한편 조선경국전(朝鮮經國典)을 통하여 새 나라의 청사진을 펼쳤다.

　새로운 질서의 수립에 의한 승도(僧徒)의 쇠퇴와 함께 시들어진 낭가

(郎家)적 감투 정신을 발휘할 수 있는 대안으로는 충성심 강한 유교 선비 육성책이 고려되었다. 건국 이후 문치(文治)를 표방하고 사대교린(事大交隣)이라는 평화 정책을 추구하는 가운데 상무기풍은 사뭇 약화되었으나, 그래도 유교적 대의명분을 철저히 익힌 숱한 선비들은 국가적 변란이 있으면 고려시대의 선랑(재가화상)들과 마찬가지로 붓 대신 칼을 잡고 가산을 털어서 의병을 일으켜 목숨 걸고 국가 보위에 앞장서는 기백을 발휘했다.

근검절약을 생활 원리로 삼았던 유생들은 과다한 국가적 행사나 유교의 근본정신에 위반되는 모든 풍조를 비판하여 인민의 부담을 줄이려고 했는데, 이는 바람직한 동기이기는 했으나 삼한 정통의 모든 무속 행위는 물론 상달 제천 행사까지 이단시하여 민족 문화의 중요한 부분들이 심하게 위축되는 결과를 초래하기도 했다.[73] 그러면서도 산천 제사나 조상 제사 등은 가무음곡이 배제된 사뭇 엄숙한 형태로나마 유교의 테두리에 포함시킴으로써 정통 문화의 일부는 지켜 온 셈이 되었다.[74] 다만 수륙재를 포함한 산천 제사가 인민부담 절감 차원에서 전 국민적 축제로 승화되지 못한 대신, 전국에 걸쳐서 산신제·동제·용왕제 등으로 각 지역별 특성에 맞는 제전이 흥겨운 뒤풀이를 동반하여 전승되어, 불교·도교 등과 혼합된 형태로 새로운 전통 문화로서의 역할을 해냈다.[75]

조선은 초기에 왕위 계승을 둘러싸고 이방원이 주도한 왕자의 난이 일어난 후, 세종대왕 때는 북방 영토를 확장하며 훈민정음을 반포하는 등 찬란한 문물을 꽃피웠다. 그러나 곧 이은 수양대군의 왕위 찬탈로 인한 이징옥의 난과 이시애의 난으로 한동안 혼란 사태가 벌어졌으나, 애민 정책만은 국가의 기본 시책으로 자리를 잡아 갔다. 성종조에 이르러서는 경국대전을 완성하여 법치 국가로서의 모든 기틀을 완비했고 다시 문물의 중흥기를 맞았다.

　그 무렵 일본 열도에서는 중앙 정권의 약화로 수십 개의 군소국들이 난립하여 열도의 패권을 다투는 전국시대가 치열하게 전개되고 있었다. 이백여 년에 걸친 일본 열도 내에서의 살벌한 동족상잔은, 전 세계적 식민지 쟁탈전에 여념 없던 포르투갈과 네덜란드의 해적들로부터 구입하거나 제조한 신무기인 총포들을 사용하는 새로운 전법을 능란하게 구사한 군벌들이 기선을 제압하면서, 최종적으로 간옹 풍신수길에 의하여 통일이 이루어졌다. 이는 같은 이백여 년 동안 비교적 큰 전란이 없이 태평시대를 구가했던 조선인들에게 매우 불길한 조짐이었다.

　오랜 전란 동안 발전시킨 문화라고는 무사(武士;부시)들에 의한 살벌한 전쟁과 권모술수밖에 없던 왜열도에서 통일과 함께 대두된 가장 큰 문제는, 통제 불가능할 정도로 증가한 전쟁 전문가 무사들의 대량 실직 사태였다. 평화 시에는 아무짝에도 쓸모없는 살인 청부업자나 마찬가지였던 무사들이 방치될 경우 벌어질 가공할 사회 혼란을 방지하고, 어차피 남아도는 전투 인력을 이용하여 대륙 침공을 감행하여 영토 확장을 해 보겠다는 황당한 구상하에, 풍신수길은 수십만 명의 실직 무사들을 동원하여 논리 부재의 조선 침략 전쟁을 일으켰다.

　자신들의 살길이 오로지 대륙 침략에서의 이익 확보에 달려 있음을 확신한 부시(왜구)들은 그동안 갈고 닦은 살인 기술과 약탈 실력을 십분 발휘하여 평화로웠던 조선 땅을 질풍노도같이 휩쓸어 황폐화시켜 버림으로써, 수많은 조선인들이 학살당하거나 노예로 잡혀가고 전래되어 오던 숱한 문화재들이 불에 타 사라졌으며, 국가의 운명이 풍전등화 지경에 빠져 버렸다.

　뜻하지 못했던 그러한 국가적 위기를 당하자 약세의 관군을 도와 인민을 참화에서 건져 내기 위하여, 전국 곳곳에서 선비 정신에 충만한 충용한 의병장들이 크게 궐기했다. 평소에는 각 지역의 교육 지도자로서의 역할을 주로 담당했던 그들은 자신의 가산을 다 털어서 병장기 등을 마련하여 의병들을 모았고, 그들의 인격을 흠모하던 많은 제자들이나 주민들 또한 그들을 따라 목숨을 걸고 항쟁에 나섰다.

뿐만 아니라 산중에서 불도를 닦던 수천 명의 승려들도 삼국시대 이후 이어진 호국 불교의 전통에 따라서 승병을 조직하여 의로운 투쟁을 전개했다. 이순신 장군 등 명장들과 의병장들의 신출귀몰한 작전과 용병술에 더하여 명나라 원군의 힘이 보태어지면서 왜구들은 밀려나기 시작했고, 풍신수길이 사망한 후 새로 들어선 덕천 막부는 전쟁을 끝내고 조선과의 평화 관계를 회복하고자 하여 모든 왜군들을 철수시킴으로써 황당무계했던 침략 전쟁은 일단락되었다.[76]

임진란이 터지자 건주 여진의 족장인 누루하치도 원군을 보내어 조선을 돕겠다는 의사를 표시했으나 조정에서는 명에 원군을 청했다. 명은 원군을 보내면서 많은 국력을 소모하게 되었는데, 그 기회에 여진족은 대통합을 이루어 후금(後金)을 세우고 만주 지방의 명나라 점령 지역을 공략하여 크게 세력을 넓혔다. 전투 중 입은 상처의 후유증으로 사망한 누루하치의 뒤를 이은 후금 태종 홍타이시는 명나라에 대한 본격적인 정벌을 앞두고 후방의 안정을 도모하고자 조선과의 화친을 원했다.[77]

두 차례 왜란 중에 명의 원조를 크게 받았던 조선 측으로서는 어느 한 쪽을 편들 수 없었고, 광해 임금은 절묘한 외교술로 난처한 국면을 조절해 나갔다. 그러나 그 뒤를 이은 인조는 노골적인 친명 정책으로 전환하여 후금과의 관계가 악화되었고, 명과 조선의 협공을 두려워한 홍타이시는 전격적으로 조선을 공략하여 항복을 받아 낸 후 명을 제압하고 대청국을 세웠다. 왜란에 비하여 볼 때는 피해 규모가 그다지 크지 않았지만, 청에 대하여 굴욕적인 군신 관계를 강요당한 조선인들은 크게 각성하여 국력을 충실히 하기 위한 새로운 기풍이 일어났다. 특히 선비들은 실생활의 향상을 위한 실용적 학문을 펼치기에 크게 노력하여, 당대의 세계 최선진국인 청나라를 통한 각종 최신 지식의 습득에 힘썼다.

서양 선교사들에 의하여 전래된 근대적 기술 문명과 더불어, 서양 열강의 식민지 확보 경쟁과 맞물린 기독교가 활발한 포교 사업을 벌이면서 서학이라는 이름으로 조선에도 들어왔다. 그런데 예전에 유입된 유·불·도 삼교가 대단히 서서히 고유문화에 적응해 가면서 들어온 데 비하여, 서학은 강력한 서양 무력을 배경 삼아 단기간 내에 국법을 완전히 무시하며 막무가내로 뚫고 들어옴으로써 많은 문제점들을 일으켰다. 만일 중세 유럽에 불교 승려들이 마구 들어가서 기독교와 다른 교리를 늘어놓았다면 용납되었겠는가? 그러나 막무가내로 들어왔을 뿐만 아니라 대단히 독선적이었던 선교사들은 배달족의 모든 전통적 내지 정통적 사상과 신앙을 완전히 무시하고 적대시했던 것이다.

기독교 선교사들의 그와 같은 황당한 작태에 격분한 정부와 유생들 및 전통을 소중히 여겨 온 모든 조선인들은 선교사나 일부 서학 추종자들을 좋아할 리가 없었다. 그런데 마침내 제사를 폐지하고 사당을 헐어 버리는 광신자까지 출현하자 조정에서는 대대적인 탄압을 가하여 전통을 파괴하는 패륜의 무리들을 발본색원하려 했다. 그런 와중에 더 나아가서 프랑스 함대를 조선에 보내어 기독교 신자들을 보호해 달라는 망발(소위 황사영 백서) 사건이 발각됨으로써, 서학 하는 자들은 모조리 매국노 내지 역적으로 낙인찍혀 수천 명이 처형당하고야 말았다. 그 상황에서 천주교 탄압의 인과 관계는 매우 명확한 것이었다.

천주교도들이 아무 잘못 없었다고 주장하는 자들은 마치 노론과 남인 사이의 정권 쟁탈전에서 남인을 몰아내기 위하여 노론이 천주교도를 지목하여 음모 꾸민 것처럼 중언부언하기도 한다. 그러나 조선 정부는 잡아들인 천주교도들을 마구잡이로 죽인 게 아니라 나름대로 개과천선할 기회를 충분히 줬는데도 불구하고, 역사 유구한 정통성 있는 문화적 정체성보다 정체 모를 서교를 택하고도 반성의 여지가 없는 맹신자·광신자들을 주로 골라서 처형한 것이다.

기독교도들에 대한 반발과 공격은 조선뿐만 아니라 이미 일본·청나라·인도 등에서도 광범위하게 발생했고, 그 주된 원인은 거의 대부분 공격적이고 독선적이었던 포교 방식에서 비롯된 것이었다. 덕천 막부는 기독교 포교를 허용한 바 없고, 청나라에서는 아편 전쟁 이후에야 선교에 무방비 상태가 되었으며, 인도에서는 세포이의 반란 등 쉴 새 없이 기독교와 서양 열강의 침략 정책에 대한 전반적인 거부 투쟁(항서투쟁;抗西鬪爭이라고 보는 게 타당함)이 벌어지고 있었던 것이다. 그러나 미합중국 태평양 함대 제독 페리에 의한 일본 개항과 아편 전쟁에 의한 청국 개방으로 인하여, 최후까지 기독교를 공식적으로 금하고 있는 곳은 조선밖에 없었다. 따라서 서구 열강은 선교사들을 옹호하며 조선을 강제로라도 개종시키려고 다각적인 압력을 가했다.

고종은 어린 나이에 즉위했으나 외국에 오가는 사신들을 통하여 서양 열강의 실정을 나름대로 잘 파악하여 점진적인 문호 개방을 시도했다. 그러나 신흥 일본 제국주의는 조선을 식민지로 만들려고 서둘렀으므로, 십여 년의 대원군 섭정 끝에 정권을 잡은 고종은 일본의 야욕을 견제하기 위하여 인접한 청나라와 러시아는 물론 서구 열강의 힘까지 빌리고자 했다. 그런 한편 군제 개편 등 국방력 강화를 서둘렀고, 서양 열강의 호의를 얻을 수 있는 방편의 하나로 기독교 포교를 완전히 허용했다. 그에 따라 서학이 급속히 퍼지면서 그에 빠지는 자들이 많아지자 반작용으로 동학이 발생했는데, 동학은 유교·불교·도교 등 동양의 전통적인 사상들과, 가톨릭 선교사들이 한자 문명권의 정서에 억지로 꿰어 맞춘 개념인 천주 사상까지 가미함으로써, 매우 포괄적인 신앙 체계를 만들었다.

동학은 급변하는 정세에 직면하여 새로운 세상이 도래한다는 후천 개벽설을 주장했는데, 이는 국가의 변란을 꾀하는 것으로 여겨지기 십상인 결정적인 실책이었다. 그리하여 교주 최제우는 사도난정(邪道亂政) 죄목으로 처형당하고, 동학은 예전의 천주교처럼 대대적인 탄압을 받았는데, 사실 천주교와 마찬가지로 천주(天主)라는 같은 용어를 쓰고 있었던 것도 동학의 정체를 의심케 만든 화근이었던 것이다.[78] 후천개벽설과 천주 관념, 이 두 가지만 교리적으로 잘 조절했어도 동학은 다양한 민간 신앙의 하나쯤으로 여겨져 무난히 유지될 수 있었을 것으로 사료된다.

그러나 사태는 그와는 달리 전개되어 동학도들은 전라도 지방 탐관오리의 가렴주구에 반발한 농민들이 일으킨 고부 민란에 앞장서서 막강한 위력을 발휘했고, 그에 경악한 조정 대신들은 민란의 확산을 막으려고 청나라의 도움을 요청함으로써 청일 전쟁의 단서를 만들고야 말았다. 그 결과 왕궁은 일본군에 약탈당하고 친일 괴뢰 정권이 들어섰으며, 뒤늦게 항일 투쟁에 나선 동학군은 친일 관군과 일본군의 연합작전으로 완전히 궤멸당했다.

기고만장한 왜족은 왕궁 안에 자객들을 보내어 왕비를 참살하는 악랄한 만행까지 저질렀고, 고종 임금 또한 궁궐 한 구석에 유폐된 채 암살의 위협에 시달리고 있다가 기적적으로 러시아 공관에 피신하여 간신히 생명만 유지하게 되는 지경에까지 이르고 말았다.

국파민망의 막판에까지 몰렸던 고종은 냉혹한 제국주의적 세계 정세 속에서 노골화된 일제 침략에 대항하는 데 있어서 믿을 수 있는 건 결국 서구 열강과 러시아밖에 없다는 판단을 내렸다. 그에 따라 고종은 그들 나라의 후원을 얻으면서 부국강병을 달성할 수 있는 시간을 벌기 위하여 서양인들에 대한 전면적인 개방 정책을 시행했고, 각종 대규모 이권 사업들 중 일부를 서양 사업가들에게 맡기는 고육지책까지 채택했다. 그 과정에서 선교사들은 엄청난 혜택과 우대를 받았고, 인민들은 서양 열강을 의지해야 일본의 침략에 대항할 수 있다는 절박한 애국적 동기에서 선교사들을 환영하고 기독교를 대거 받아들였다.

러시아 공사관에서 2년여 동안 국가 발전의 새로운 방향을 모색한 고종은 국내 정세가 어느 정도 안정되었다고 판단하고 경운궁으로 거처를 옮기고, 대신들과 독립협회 등의 간곡한 청원을 받아들여 열강과 국제적 지위를 같이 하는 제정(帝政) 대한국을 선포하고 제국(帝國)으로 발돋움했다. 그리고 이용익 등 개혁 정책에 적합한 실무적 관료들을 대거 기용하여 광산과 인삼 등 국가적 수익 사업을 활발히 운영하여 재원을 마련하면서 각종 부국강병 작업의 기초를 다졌다.

일제의 한국 침략 정책에 의하여 어부지리를 얻게 된 선교사들은 한국인들의 신앙과 생활 방식을 서양식으로 바꿔야 서양처럼 강해질 수 있다는 논리를 기독교도들에게 강변했는데, 이로 인하여 기독교도뿐만 아니라 많은 한국인들에게 전통적 생활 양식에 대한 전반적 회의가 일어나고 전통 신앙을 미신이라고 멸시하는 풍조가 크게 유행했다.[79]

그러나 그토록 일본이나 청국보다도 훨씬 더 많은 기독교인들이 생겨나서 적극적으로 서양 문물을 받아들이는 데 앞장섰건만, 노일전쟁에서 러시아가 일본에 한풀 꺾인 것을 계기로 서구 열강은 자국 이익을 위해 철저한 비기독교적 국가 일본을 오히려 전폭적으로 지원했고, 그 결과 대한국은 마침내 서구 열강의 외면과 묵인하에 일본에게 일방적으로 합병당하고 말았다.

서양 문물에의 동경이나 기독교에의 집착이 한국인들의 독립 열망을 결코 지켜 주지 못했고 오히려 반대의 결과를 가져왔건만, 이미 맹신 내지 광신에 빠진 기독교도들은 더욱 늘어만 갔다. 그리고 일본 제국주의자들은 저들을 후원해 준 서구 열강에 보답하고자 정책적으로 선교사들을 더욱 극진히 대우했고, 선교사들 또한 일제의 호의를 얻기 위해 기독교도들에게 정교분리(政敎分離) 원칙을 고수하고 순수 신앙에만 몰두하도록 이끌었다.

일본 제국주의자들이나 선교사들이나 한국인들의 전통 사상이나 관습들을 폐기 처분하려는 발상에 있어서 마찬가지였고, 그 결과는 그들에게는 매우 흡족할 만하게 나타났다. 일제강점기를 통해 한국인들 대다수는 문명인으로서의 자부심이 강했던 전통적 기상을 잃어버리고, 그 대신 헤어나기 어려운 자멸감과 무기력에 빠져들게 된 것이다.[80]

9. 현대

　일제강점 35년간의 엄혹한 민족적 시련은 민족 정신사적 측면에서도 파멸적인 결과를 초래했다. 일제는 한국인의 역사와 문화를 송두리째 말살하고 자존심 없는 노예 민족으로 만들어 영구적 지배와 식민화를 완성하려는 목적으로, 엄청난 비용을 들여 가며 역사 왜곡과 날조로 일관된 조선사 편찬을 강행했다. 그리고 민족 전통이나 역사에 관하여 자주적·자존적 서술을 한 모든 문건들을 닥치는 대로 다 뒤져 내어 불살라 버리거나, 저들의 역사와 관련된 중요한 문건이나 유물들을 모조리 긁어모아 일본 열도로 약탈해 갔다. 그리고는 그 폐허 위에 저들이 소위 실증 사학을 동원하여 정리했다는 조선사 35권을 만들어 전국에 풀어 놓았다.
　한국인들의 의지가 전혀 통하지 않았던 일제강점기 때는 어쨌든 간에, 일제가 패망한 후 복국(復國) 시기에 즈음해서는 일제가 조선사 35권을 통해 주입시켰던 노예 양성적 식민사관은 철저히 타파하고, 진취적이고 자주적인 역사관(歷史觀)부터 정립하여 다시 찾은 나라의 기틀로 삼아야만 했다. 그러나 배달족의 과거사를 형편없는 저질적 민족사라고 평가절하하고 배달족의 정통문화(조상숭배·민속신앙 등) 일체가 민족성을 좀먹어 온 미신 행위일 뿐이라고 강변해 온, 두 세대에 걸쳤던 일제의 문화적 식민지 정책만은 그대로 민족현대사에 뿌리 깊게 살아남았다.

특히 일제에 승리한 서양 열강의 문물에 완전히 매료된 새 나라의 통치자들은 남북한을 막론하고 과거 민족사를 혐오하고, 사회 각 분야에 대한 전반적인 서구식 문물 도입으로 새 나라의 발전 전략의 기초와 골격을 세우고자 했다.[81]

2차 세계 대전 이후 성립된 두 초강대국이라는 외세를 배경으로 한 남북한 양측 통치자들은 자유 민주주의(사실은 '자본주의')와 공산주의라는 상극적 가치관을 가지고 대치하면서 끝내 처절한 동족상잔 비극을 연출했다. 그리고 그에 따라서 그나마 희미하게 민중 사이에 남아 있던 민족 공동체 의식마저 깨어져 나가는 정신적 공황 상태가 초래됐다.

그와 같은 민족 정서의 황폐화 상태에서 자조적인 역사 멸시 풍조가 더욱 만연했고, 조선사 편수에 적극 가담했던 매판적 지식인들이 퍼뜨려 온 각종 자기 비하적 역사 해석이 그대로 남북한 통치 집단의 교육 정책에 반영됨으로써, 유구한 민족 문화까지도 외세에 의한 강압 때문이 아니라 자발적으로 폐기 처분되기에 이르렀다.

그나마 다행스러운 일은 대한제국기에 불같이 일어났던 민족 종교 중창 운동에 부수하여 대단히 주체적인 민족 정사(正史) 복원 작업이 일부나마 꾸준히 발전한 점이다. 뜻있는 유능한 지식인들을 중심으로[82] 백여 년에 걸쳐서 이어진 일련의 대규모적 역사 반정(反正) 작업은 멸실된 국내 사료를 보충하는 방편으로 주변 나라들의 역사서에 기록된 배달족 관계 문건들을 상세히 고증하는 객관적 작업을 통하여 그 면모를 다듬어 왔다.

역사적 재발견이 비교적 많은 사람들의 관심을 끌며 활발히 진행되는

데 비하여 민족 문화에 대한 인식은 그리 관심을 끌지 못하고 있는데, 서구 문명의 과도한 도입에 따라 과학기술 발전에 뒤졌던 과거의 생활 문화에 대한 비판적 회의감이 여전히 팽배한 것도 큰 요인으로 작용하고 있다. 특히 신흥 서양 종교나 사상이 창궐함에 따라 모든 정통적·전통적 문화 양식에 대한 통렬한 비판이 퍼부어져서, 옛 생활 문화의 대부분을 미신적·봉건적·시대 착오적인 것으로 취급하는 매우 부적절한 행태를 보임으로써, 민족적 구심점이나 민족 공동체 의식 확보에 부정적인 효과를 초래하기도 했다.

이런 과정을 지나면서 민족 정통 문화는 소규모 지역 단위 제례 행사나 풍어제·기우제·수륙재·무속 등의 민속 형태, 또는 절간의 삼성각·산신각 등의 형태로만 남아 있는 형편이다.[83] 그러나 문화 경쟁력이 곧 국가 경쟁력이 된 현대 사회에서, 민족 통일 국가 건설로 민족 역량을 극대화해야 함은 물론, 무한 경쟁 시대에 국제적 경쟁력을 가진 민족으로 번영을 기하기 위해서는, 범민족적 정통 문화 복원에 의한 민족 공동체 의식 함양이 사활적으로 중요하다.

따라서 비록 민족 문화 면에서 백여 년이나 침체되어 왔지만 이제라도 겸허히 민족 정통 문화와 역사를 되돌아보고 바로 정립하여, 시대에 맞는 새로운 문화를 가다듬어서 민족 통일과 국제 경쟁력 확보의 커다란 토대로 삼아야 한다.[84] 그 위에 새 시대의 바람직한 문명을 흡수하여 신단수로부터 비롯된 홍익인간 문명을 꽃피우고 열매를 맺어 인류 사회의 건전한 발전을 이룰 때, 배달족의 역사적·문화적 사명은 밝게 이루어질 것이다.

참고 자료 목록

1. 삼신민고, 조자용, 가나아트, 서1995. 10. 30.
2. 월간 자유, 박창암, 월간 자유사.
3. 삼국유사, 일연 스님.
4. 삼국사기, 김부식.
5. 화랑세기, 김대문.
6. 홍익인간론과 음부경, 강무학, 명문당, 서1982. 9. 15.
7. 우리 민속신앙 이야기, 이희근, 삼성당, 서2002. 6. 25.
8. 알타이인문연구, 박시인, 서울대출판부.
9. 알타이문화사연구, 박시인, 탐구당, 서1970. 10. 25.
10. 피야 피야 삼신피야, 지승, 전예원, 서1985. 11. 25.
11. 조선상식문답, 최남선, 삼성문화재단, 서1972. 10. 15.
12. 조선상식문답 속편, 최남선, 삼성문화재단, 서1972. 11. 20.
13. 다물의 역사와 미래, 임승국 등 공저, 다물, 서1972. 1. 3.
14. 고려시대 제석신앙의 양상과 그 변화, 안지원, 국사관논총 78집, 서1997.
15. 우리 문화의 수수께끼, 주강현, 한겨레 신문사, 서1997. 1. 10.
16. 호국삼부경, 종상 편역, 홍법원, 서1987. 7. 20.
17. 풍류도와 한국의 종교사상, 유동식, 연세대학교 출판부, 서1997. 7. 10.
18. 조선상고문화사, 신채호, 단재 신채호전집.
19. 조선상고사, 신채호, 인물연구소, 서1982. 7. 20.

20. 한국의 민속문화, 국제문화재단편, 김포대학출판부, 서2002. 7. 20.
21. 일본학(제6집), 동국대 일본학연구소, 利鎬日本學硏究財團, 서1987.
22. 한국의 종교-문화로 읽는다, 최준식, 사계절, 서1998. 9. 25.
23. 유교사상의 문제들, 금장태, 한국학술정보, 서2001. 10. 31.
24. 한국민족문화(24), 부산대, 한민족문화연구소, 서2004. 10월호.
25. 한국민족문화(25), 부산대, 한민족문화연구소, 서2005. 4월호.
26. 백제논총 제7집.
27. 학술원논문집(19), 대한민국 학술원, 서1980.
28. 학술원논문집(19), 대한민국 학술원, 서1980.
29. 巫 - 한국무의 역사와 현상, 조흥윤, 민족사, 서1997. 6. 30.
30. 단군조선 사기연구, 문정창, 백문당, 서1966. 6. 25.
31. 예기, 신한출판사, 서1976. 6. 30.
32. 안성남사당 풍물놀이, 윤범하, 이가책, 서1994. 10. 15.
33. 한국고대미륵신앙연구, 장지훈, 집문당, 서1997.12.15.
34. 유심안락도, 원효, 삼성문화문고, 서1979. 4. 25.
35. 북역 고려사 열전, 고전연구실 편찬, 신서원, 서1991. 9. 15.
36. 민족문화대백과, 한국정신문화연구원.
37. 백만인의 미륵성전, 이종익, 삼일각, 서1968. 6. 23.
38. 함(1, 2권).
39. 한국의 미륵신앙.
40. 고조선사연구, 문정창, 백문당, 서1969. 5. 15.
41. 고려시대의 단군전승과 인식, 김성환, 경인문화사, 서2002. 4. 10.
42. 단군, 윤이흠 외, 서울대출판부, 서1994.
43. 한국의 민속·종교 사상, 이능화 외, 삼성출판사, 서1981. 2. 20.

44. 한국윤리사상사, 정신문화연구원, 고려원, 서1987. 5. 20.

45. 한국사교정, 유영박, 푸른사상사, 서2005. 2. 10.

46. 통일신라 시대의 정치변동과 불교, 곽승훈, 국학자료원, 서2002. 6. 7.

47. 무녀별곡, 서정범, 한나라, 서1992. 7. 31.

48. 우리 민족의 고유사상, 안창범, 삼양, 신시5897(서2000). 2. 15.

* '미주'에서 참고 자료 찾는 방법 예시 *

1) '(1-50) 참조'인 경우: 참고 자료 1번 '삼신민고'의 50페이지.

2) '(2-114-28) 참조'인 경우: 참고 자료 2번 '월간 자유지 114호'의 28페이지.

글을 마치며

건강한 세상을 염원하는 한 시골 의사의 생각.

오늘날 지구상 대부분의 지역은 다양한 갈등을 겪고 있다.

환경 변화와 지각 변동에 의한 기본적인 생존 여건의 불안정성은 유사 이래 늘 있어 왔지만, 여러 가지 지질학적 증거들로 볼 때 그 불안정성은 최근에 크게 증폭되고 있는 걸로 확인되고 있다.

일본 열도를 포함하는 환태평양 대지진대를 비롯하여, 히말라야 산맥 주위와 아나톨리아 고원 일대 등의 잦은 대지진들은, 삶의 토대인 땅이 더 이상 노하지 않게 사람들이 잘 관리해야만 한다는 지극히 상식적인 사실을 확인시켜 준다. 엘니뇨·라니냐·허리케인·북극 한파 등의 예측 불가능한 엄습 또한 잘 대응해야 한다.

이와 같은 하늘과 땅의 큰 변화를 동양의 고전인 음부경(陰符經)에서는 '하늘에 살기가 일어나면 뭇 별들이 자리를 바꾸고, 땅에 살기가 일어나면 용과 뱀이 땅을 일으킨다(즉, 대지진이 온다)'라고 표현했다.

* 천발살기 이성역수 지발살기 용사기륙(天發殺氣 移星易宿 地發殺氣 龍蛇起陸) *

최근 들어 지구의 자전축이 변화하고 있다는 서울대학교 지구과학교

육과 서기원 교수의 연구 결과를 보면, 수많은 별들 또한 대변화를 겪고 있는 과정일 수도 있겠고, 대규모 지진들이 힘과 범위를 키우면서 자주 발생하고, 화산 폭발 또한 빈발하여 땅의 불안정성이 상전벽해(上田碧海)처럼 현실화되는 걸 보면, 음부경을 저술한 고대 현자들의 혜안에 놀라게 된다.

천변만화(千變萬化)하는 자연 현상에는 사람들이 순응해서 살아갈 수밖에 없다. 그리고 사람들이 할 수 있는 일은 그런 자연 여건들을 그나마 잘 활용하고, 하늘과 땅에 부정적인 자극들을 주지 않고, 천지자연(天地自然)과 조화롭게 어울려 생존하는 것뿐이다.

하늘과 땅에 이어서 음부경에서는 사람의 역할에 대해서도 언급하고 있는데, '사람에게 살기가 일어나면 하늘과 땅이 뒤집힌다'라고 표현했다. 그런데 이 현상은 지금 지구상에서 벌어지고 있는 일이기도 하다.

* 인발살기 천지반복(人發殺氣 天地反覆) *

인류 중 어떤 집단들은 최첨단 무기를 개발한다면서, 지구 보호막(성층권의 반알렌대)에 큰 손상을 주는 각종 인공위성 발사는 물론, 고주파 오로라 활동 연구 프로그램(하아프;HAARP)과 같은 명목으로 종말적 무기 시스템들을 만들면서, 하나뿐인 인류 생존의 터전인 지구 자체를 마치 구멍 뚫린 달걀처럼 만드는 위험천만한 짓들을 저지르고 있다. 또한 지축을 뒤흔드는 엄청난 파괴력을 지닌 무시무시한 폭발물들을 아무런 양심의 가책도 없이, 오직 특정 집단의 이익만을 위한 각종 전쟁이나 화석 연료 채굴 등에 무차별적으로 남용함으로써, 그렇지 않아도 불안정한 지각을 곳곳에서 들쑤셔 왔다.

첨단 과학이라는 미명하에 저질러 온 이 모든 정신 나간 작태들이야말로 '사람이 살기를 발휘하는(人發殺氣) 광태'가 아니고 무엇인가? 그리고 그 결과는 인류 공멸에 가까운 부정적인 결과일 가능성이 매우 높다. 그 외의 잡다한 지역 갈등이나 마약 문제나 동성애 등 한심한 제반 사회 문제들은 논외로 한다.

인류가 현재와 같은 파행적 생활 양식을 진행해 온 것은 그리 오래된 일이 아니다.

사실 인류 사회에 상호 간의 갈등은 언제나 존재해 왔지만, 매우 오랫동안 자연과는 물론 사회적으로도 적당한 균형을 잘 유지하며, 그런대로 무난히 상호 보완적으로 공존해 왔다. 제4 빙하기 이후에 전개된 새로운 역사의 출발점에 대단히 훌륭한 선각자들이 있었고, 인류를 크게 유익하게 하기 위한(홍익인간;弘益人間) 가르침과 미풍양속을 확립했다. 중앙아시아로부터 동아시아에 걸친 드넓은 공간에서 그 풍속은 그런대로 잘 유지되며 수천 년을 이어 내려 왔다.

그런 인본주의적 문화의 흐름에 크게 역행하기 시작한 것은 콜럼버스로부터 비롯된 서양의 타 대륙에 대한 노략질(소위 '대항해시대')이고, 두 번째 전환점은 서양의 국제마약 강매 패악질인 아편 전쟁이고, 세 번째 전환점은 이 또한 서양 제국주의자들이 저지른 두 차례의 세계 대전이다. 즉, 모든 문화적 왜곡마다 서양(특히 유럽)이 관여해 온 것을 부정할 수 없다. 그러고도 아직 정신 못 차리고 여전히 근거 없는 편견과 우월감에 빠져 있는 서양인들이 다시 더 큰 '인발살기'를 한다면, 인류의 미래는 더욱 불확실해지고 혼란에 빠질 수밖에 없다. 다행스러운 점은 최근 들어 서양 자체의 세력 구도에 대단히 큰 긍정적 변화의 조짐이 나타나고 있어서 그나마 한 가닥 희망을 가져 본다.

그러나 인류 사회가 정상적인 생존 형태인 '인간을 널리 이롭게 하는 (홍익인간)' 세상을 회복하려면, 수 세기간 퇴폐적인 서양 사상에 오염되어 온 인류 역사를 깨끗하게 원상 복구하여 새 시대 발전의 밑바탕으로 삼아야 하리라 본다.

저자는 한 명의 의사로서 현대 사회가 매우 심각한 심신 부조화적 질환에 걸려 있으며, 특히 동족 분단이라는 난치병에 걸려 신음해 온 한민족이 치열한 국제 경쟁 무대에서 살아남으려면, 유구한 민족 문화에 대한 자긍심과 동질성부터 확립해야만 역사적인 건강을 되찾을 수 있으리라는 나름대로의 처방을 내려 봅니다.

전 인류의 심신을 건강하게 만들어 줄 보다 더 훌륭한 처방들이 많이 쏟아져 나오기를 염원하며, 천안 흑성산 동쪽 마을에서 한적하게 노년기를 보내는 한 시골 의사가, 40여 년 모아 온 자료들을 요약 정리하여 부족하나마 그 초안을 잡아 봅니다.

미주

1) (2-114-28)에서 인용.
   天子 夷狄之所稱 父天母地 故稱 天子(천자는 동이와 북적의 명칭인데 아버지가 하늘이고 어머니가 땅이므로 천자라 한다)
   - 채옹(蔡邕;후한시대)의 독단(獨斷) 상권 -

2) (2-125-24)에서 인용. 배달족의 삼신 신앙은 한(천신;天神, 하느님, 天一)·금(지신;地神, 감님, 地一)·선(인신;人神, 센님, 太一)을 대상으로 함.
   古者 天子 三年 壹用 太牢 祠神 三一天一 地一 太一(옛날에 천자는 삼 년에 한 번 태뢰를 썼고 삼일신에게 제사했는데 천일·지일·태일이다)
   - 〈사기(史記) 봉선서(封禪書)〉

   注索隱曰 說文云 天一 地一 太一 天大 地大 人亦大 大字象人形 故太一者 人一也(색은 주에 이르기를 설문에 천일·지일·태일이라 함은, 하늘도 크고 땅도 크고 사람 또한 크다는 것이며 큰 대자는 사람 모양을 본떴으므로 태일은 인일이다)

3) (11-146) 참조. 배달족 고대 신앙은 밝의 뉘(광명 세계) 신앙 = 신의 뜻대로 하는 세상 = 天上神界
   밝의 뉘 → 부루 전음(轉音)됨. 즉, 밝 → 박·발·부루
   밝의 뉘 행사(제천행사)가 팔관회로 발전 → 조선조때 억불(抑佛)로 함께 쇠퇴했으나 부군당(府君堂)으로 남음. 부군당에서는 해마다 대소 관청에서 큰 제사 지내고, 마을에서는 부군굿 대제(大祭) 행함.
   부군은 밝안·붉은·불군 음이 →부군→부군으로 전음한 것임. 비슷한 예로 뇕→발→부루→백(白·)풍류(風流)·비로(毘盧)봉 등으로 한자(어)화되었고, 황(皇)·천(天)·왕(王)도 의미상으로는 같음.
   천신(天神)이 밝뉘(산=聖山,神山) 통하여 인간 세상으로 온다고 믿음.

   (10-146) 및 (33-179) 참조. 배달족은 북아시아 샤(마)머니즘적 우주관과 동일하게 세계를 3층(천상·지상·지하)으로 이해했으며, 상층은 광명계로서 하느님과 여러 아들과 많은 선신(善神)들이 있고, 중간층이 인간 세상이고, 하층은 암흑계로서 악성 정령(惡性精靈)들이 있다고 믿음. 처음 사람들은 상하 없이 무리 지어 살았으나 하층 악의 세력이 나와서 세상을 어지럽혔는데, 하느님의 아들(환웅)이 아버지의 허락을 받고 내려와 악의 세력을 물리치고 하늘법으로 세상을 다스렸고, 아들로 하여금 대를 이어 인간 세상을 다스리도록 한 후 하늘로 돌아갔으며, 이로부터 나라와 임금이 생겨났다고 함. 따라서 인생의 목적은 선신의 위력을 잡아 악령의 재해를 물리쳐서 세계를 밝게 하는 것, 즉 밝의 뉘(광명 세상)을 건설하는 것임(밝=光明·神, 뉘=世界).

4) (8-615) 참조. 알타이어족 계통에 있어서의 왕정이념(王政理念)은 천부(天父)와 지모(地母) 사이에 난 광명정대한 해와 같은 왕이 다스리는 지상 천국에서 화평하게 사는 것임. 〈건천(乾天)의 양기(陽氣)가 대지(大地)의 북방(北方=水)의 미녀(美女)에게 내려와 잉태

하여 동(東)에서 명왕(明王)이 난다〉는 구조가 일반적임. 일출(日出)은 오정 일중(午正日中=陽氣)에서 일입 자정(日入子正=水,北)을 거쳐 새날(東)이 일출하므로, 왕은 중앙에서 천하를 다스리고 왕후는 북방에서 맞고 태자는 동방에 둔다는 도식이 생김. 내세도 지상과 동일하므로 무덤 천장(중앙)에는 태양이 있고, 바닥에는 왕의 시신을 두고, 사방에는 사방신(四方神)이 있는 구조로서, 왕 중심의 천지인 삼계(三界) 포함한 종교가 성립됨.

5) (8-357) 참조. 중앙아시아 샤먼들은 일월(日月)을 쇠로 된 거울로 인식하며 "땅 위의 모든 일은 해와 달에 비치고, 해와 달에서 다시 무당의 거울에 비친다(거울점)." 또는 "천신이 두 개의 쇠붙이 거울(toli)을 얻어서 하늘에 걸으니 세상에 빛이 있게 되었다." 라고 함.

6) (29-284) 참조. 김열규 교수에 의하면 신라 금관은 시베리아 샤먼의 새형(鳥型) 모자와 사슴형 모자가 합한 형태로서 샤머니즘이나 무(巫)와 관계 깊다고 함.
예: 유락(Yurak)-사모예드(Samoyed)인들의 샤먼은 그들의 권능 대부분이 모자에 숨겨져 있다고 함.
금관의 우주목(宇宙木)은 삼층 구조로서 우주의 삼층 구조를 의미함(스키타이 금관은 5층의 우주목 위에 새를 얹는데, 이 새는 무조(巫祖) 내지 수호령을 의미함). 사슴과 순록은 조상신 성격을 지니고, 새의 날개나 새는 샤먼의 천계(天界) 여행 때 비상(飛翔)을 상징하며, 사슴뿔은 샤먼의 천상 및 지하 여행 때 샤먼을 수송하고 지켜 준다 함.

7) (15-154) 참조. 무당이라는 용어는 최근세에 만들어진 것이며, 어원은 퉁구스어의 여자 샤먼인 우다간(udagan)에 당(堂)이 결합한 것으로 알려짐. 러시아 민속학자 트로(찬)잔스키가 서기 1902년에 몽골·브리야트·야쿠트·알타이·터어키·키단·키르키스인이 여자 샤먼을 utagan· udagan·udagham 등으로, 타타르인은 udege, 퉁구스에선 utakan 임을 확인함.

(29-256) 참조. 巫는 심리·정신 복합체 내지 종교적 세계로 접근해야 하며, 지나 지방 무의 기원은 은나라 시대로 추정되고, 고대 문헌에는 제(祭)나 사(祀)로도 기록되었고, 제의(祭儀)·제례(祭禮)·의례(儀禮) 등으로도 표현함.

8) (18-383) 참조. 고구려 선인(仙人)과 신라 화랑은 다 삼랑(三郞)에서 연유함. '남호(南湖)에 있는 사랑(四郞)의 비가 호종단의 파쇄(破碎)한 바 되어 오직 그 구부(龜趺)만 남았다'라는 여지승람의 기록이 있음.

9) 大荒之中有山名不咸山 肅愼氏之國在白民 北有樹名曰雄常先八代帝於此取之(대황 가운데 불함이라는 산이 있고, 숙신 씨 나라는 백민에 있으며, 북쪽에 웅상이라는 나무가 있는데, 앞의 여덟 임금을 이에서 취했다.)
- 山海經 第三 海外西經 -
* 여덟 임금 = 삼황오제

10) 황제의 출신 계보에 관한 기록들
1. 生黃帝於壽丘 受國于有熊 按史記正義 壽丘在魯東門之北 今兖州曲阜縣東北六里(황제

　　　　를 수구에서 낳았는데 유웅에서 나라를 얻었다. 사기정의에 의하면 수구는 노나라 동문의 북쪽이며 지금 연주 곡부현 동북 6리이다)
　　　　- 사기집해(史記集解) 유웅즉 금하남신정('有熊即今河南新鄭')

　　2. 黃帝者少典之子姓姬氏後爲姓公孫(황제는 소전의 아들이고 희씨인데 나중에 성을 공손이라 했다)
　　　　黃帝生於壽丘長於姬水 因以爲姓姬 居軒轅之丘 因以爲名 本是有熊國君之子(황제는 수구에서 나서 희수에서 자란 고로 성을 희로 했으며 헌원 구릉에 살았으므로 이름으로 삼았다. 근본은 유웅국 임금의 아들이다)
　　　　- 사기(史記)
　　3. 黃帝生白民 (…) 自屬東夷(황제는 백민에서 출생했으며 동이에 속한다)
　　　　- 제계사기(帝繫史記) -
　　4. 黃帝獨修於東北長白山下日久功成 太昊時 方諸東王公太華眞人 召掌天仙六籍(황제는 홀로 동북장백산 아래에서 수도했고 오랜 후 공을 이루었다. 태호 때 동왕공 태화진인을 방문하여 천선육적을 불러서 맡았다)
　　　　- 역대신선통감 권2(歷代神仙通鑑 卷二) -

　　5. 黃帝娶於西陵之女 是爲嫘姐 嫘姐爲正妃(황제는 서릉 여자에 장가 들었는데 그녀는 누조이며 정비가 되었다)
　　　　- 사기 오제본기 난외주(史記 五帝本紀 欄外注) -

11) 후대에 내려가서는 그 모든 동아시아 고대문화가 화족의 창작품이라고 우겨 대기도 했지만 현대에 이르러 대만의 양심 있는 학자들은 스스로 진실을 밝혀냄.

　　中國曆法 始於東夷 造曆者 羲和子也 系出東夷 殷商先公 東夷造曆之事 實無疑問也
　　　(중국 역법은 동이에서 비롯되었고 역을 만든 사람은 희화자다. 그의 가계는 동이에서 나왔고 은상의 선조이다. 동이가 역을 만든 일은 실로 의문이 없다)

　　羲和子 帝俊之妻生十日 按生十日 郭注 生十子 各以日名之 故言十日 日數十也 甚是 日數十指甲乙丙丁戊己庚辛壬癸 十天干而言…按此與羲和浴日義同表示 子丑寅卯辰巳午未申酉戌亥 十二地支 亦東夷文化의産物
　　　(희화자는 제준의 처(이)며 열 해(十日)를 나았다. 열 해를 낳았다는 것에 대해 곽주는 각각 날로 이름지었으므로 십일이라 한 것이라 풀이했다. 열이라는 날 수는 갑을병정무기경신임계 열 천간을 말하며…이것과 희화가 해를 씻겼다는 의미를 생각건대 같은 표시이다. 자축인묘진사오미신유술해 열두 지지 또한 동이문화의 산물이다)
　　　- 서량지(徐亮之)의 중국사전사화(中國史前史話)에서 인용 -

12) 최남선은 〈단군과 삼황오제〉 논문에서 '묘청(妙淸) 이전의 무당은 천인(天人)·영인(靈人)·신인(神人)·성인(聖人)으로 존중받았다. 무당은 인간에서부터 하늘까지 다 통하고 삼생(전생·현생·내생)을 알고 천·지·인·자연을 주무르며, 길흉화복을 가늠하고 신기(神氣)와 생명도 뜻대로 한다고 믿어졌다. 따라서 단군의 권능은 무도(巫道=신사;神事)에서 나온 것이며 단군은 진실로 한민족 문화의 일체 씨알이다'라고 밝힘.

13) (13-62) 참조. 朝鮮의 어원
    國初 舊稱 所屬 珠申 亦 肅愼轉音 漢人 不知原要 遂岐而二之猶之 或爲 稷愼 或爲 息愼 其 實一也(국초의 옛 호칭에서 소속을 주신이라 한 바 역시 숙신의 전음이다. 한인들이 원래의 뜻을 알지 못하고 마침내 이를 쪼개서 오히려 두 갈래로 불렀으니 예컨대 혹은 직신이라 하고 혹은 식신이라 했는데 실제로는 하나이다)
    - 만주원류고(滿洲源流考), 부족(部族) -
    즉, 소속을 뜻하는 용어로서 주신·숙신·직신·식신 등이 다 같은 뜻임.

14) (18-387) 참조. 단군조선 때부터 전해 오는 신지비사(神誌祕詞)에 단군조선에 삼경(三京)이 있고, 70여 개의 속국이 있고, 세 경 중 하나만 폐해도 쇠약해진다고 알려져 옴. 청구(靑邱)의 자부선생(紫府先生)은 삼황내문(三皇內文)을 가르쳤고, 풍부(風部)의 복희씨는 팔괘를 지었는데, 수백 년 후 자부선생의 뒤를 이어 신지가 비사를 엮고 복희씨 뒤를 이은 창힐은 새 문자를 만듦. 고구려의 고흥(高興)과 이문진(李文眞) 등은 신지사(神誌史)의 본의(本義)를 부연해서 삼한고기(三韓古記)·단군고기(檀君古記)·해동고기(海東古記) 등을 짓고, 신라의 거칠부(居柒夫)는 그 속에서 뽑아서 선사(仙史)를 짓고, 서토의 진수(陳壽)·범엽(范曄) 등은 고기(古記)를 얻어 후한서(後漢書)·삼국지(三國志) 등에 게재함.

15) 한민족의 고대 음악은 원시 종교의 신가(神歌)에서 발달하여, 5월의 모내기와 10월의 가을걷이 및 제천 행사에서 많은 사람들이 며칠간 노래와 춤으로 즐김
    - 한국문화사서설, 조지훈 -

16) 일반적으로 북·방울·거울을 삼종신기(三種神器)라고 보고 있음

17) 구당서 고구려전에 '俗愛書籍 至於衡門廝廊養之家 各於街衢造大屋 謂之扃堂 子弟未婚之前 晝夜於此讀書習射(풍속에 서적을 사랑하며 작고 보잘것없는 집들에 이르기까지 곳곳마다 거리나 네거리에 큰 집을 짓고 경당이라 이르고, 결혼 안 한 자제들이 밤낮 이곳에서 책을 읽고 활쏘기 연습을 한다)'라는 기록이 있음.

18) 곤은 전욱(顓頊)의 아들이라고 함.

19) 순은 요에게 "곤은 황하 북쪽에 구인(九仞=72척) 높이의 둑을 쌓고 있는데, 만일 이것이 터지면 도성은 곧 흙탕물 바다가 될 것…"이라고 고했다고 함
    - 중국의 역사(1), 증선지, 한국출판공사 -

    昔者 夏鯀作三仞之城 諸侯背之 海外有狡心(곤이 삼인(三仞)높이의 성을 쌓았으므로 제후들이 배반하고 외국들도 (서토를 넘보는) 교활한 마음을 먹게 되었다고 함)
    - 회남자 원도훈(淮南子 原道訓) -
    (18-381) 참조. 순은 조선 우부(于部;산동지방의 식민지) 출신이므로 국호를 우(虞)로 함.

20) (禹)會諸侯塗山 執玉帛者萬國(우가 제후를 도산에 모으니 만국에 달했다)
    - 회남자 원도훈(淮南子 原道訓) -

21) (18-378) 참조. 단군이 팽오(彭吳)를 명하여 국내 산천을 다스림
    - 동국사강(東國史綱) -

22) (40-96) 참조.
    禹王自夫婁受金簡玉牒 禹會諸侯於塗山也(우왕은 부루로부터 금간옥첩을 받았고 제후를 도산에 모이게 했다)
    - 세종실록지리지 평양부 조(世宗實錄地理志 平壤府條) 및 어윤적의 동사년표 단군 육십칠 년 조(魚允迪 東史年表 檀君六十七年條) -

    報有 玄方道士見 伯禹邀入拜問 道者曰 予北極水精子也 聞子欲導治九域水土 極救萬民 上帝悅 予來助(보고하기를 현방도사가 나타났다 하니 백우가 맞이하고 절을 올리고 물었다. 도사는 나는 북극 수정의 아들인데 당신이 구역의 물과 땅을 다스려 만민을 구하려 한다는 말을 듣고 상제께서 기뻐하셔서 내가 도와주러 왔다고 했다)
    - 역대신선통감 권삼 제오절(歷代神仙通鑑 卷三 第五節) -

    至衡山致祭 夜宿山下 夢一玄衣男子稱是蒼水使者 曰若欲得我簡書 爾其齋焉 禹齋戒七日 果於전嶁峰下 得金簡玉牒 皆蝌蚪字式 其辭略 曰祝融司方發其英 沐日浴月百寶生(형산에 이르러 제사하고 산 아래에 서 밤을 지냈는데 꿈에 검은 옷 입은 남자가 창수사자라 하며 이르기를 만일 나의 문서를 얻으려면 너는 재계하라 하였다. 우가 칠 일 동안 재계하자 과연 전루봉 아래에서 금간옥첩을 얻었는데 모두 올챙이 같은 글자였는데 요약하면 축융사가 바야흐로 영명함을 발하여 해와 달을 목욕시키니 백 가지 보배가 난다 일렀다)
    - 역대신선통감 권삼 제육절(歷代神仙通鑑 卷三 第六節) -

    得玉笥祕圖 悟百川之理 皆黃帝所藏(옥사비도를 얻어 백 가지 물줄기의 이치를 깨달으니 모두 황제가 감춰 두었던 바였다)
    - 역대신선통감 선진연파 제육절(歷代神仙通鑑 仙眞衍派 第六節) -

    (8-374) 참조.
    오월춘추(吳越春秋)에 '우가 치수할 때 도산에서 현토(玄菟)사자에게 중경을 받았다'는 기록이 있고, 상서(尙書)에는 '홍범은 우가 전한 것'이라 하므로, 홍범은 부루의 중경을 풀이한 것임.

23) 箕子乃言曰 我聞 在昔鯀陻洪水 汨陣其五行 帝乃震怒 不畀洪範九疇 彝倫攸斁 鯀則殛死 禹乃嗣興 天乃錫禹洪範九疇 彝倫攸叙(기자가 이르기를 내가 들으니 옛적에 곤이 홍수를 막을 때 오행을 어기므로 천제(단군)가 진노해서 홍범구주를 주지 않았으므로 이륜이 펼쳐지지 못했는데 곤은 처형당했고, 우는 잘 시행했으므로 하늘(단군)이 우에게 홍범구주를 주어서 이륜이 펼쳐졌다)
    - 주서 홍범(周書 洪範) -
    禹治洪水 錫洛書 法而陳之 洪範是也(우가 홍수를 다스릴 때 낙서를 모범 삼아 진정시켰는데 홍범이 그것이다)
    - 周書 洪範 頭注 -

(18-381) 참조. 단군조선은 취(橇;썰매) 국(梮) 과 큰 도끼(巨斧)를 우에게 줘서 치수를 도움.

(18-380) 참조. 우는 창수사자(蒼水使者=단군조선의 태자 부루)가 전해 준 황제중경(黃帝中經=단군조선 '황부황부'의 경전)으로 치수에 성공함. 부루가 바닷길로 가서 우와 만났으므로 창수사자라 함.

24) 신시 이래 부여에 이르기까지 배달 나라의 전통은 오가(五加)에서 번갈아 가며 유능한 지도자를 선출하는 평의회적 성격이었음을 많은 기록들이 전함.

25) (18-397) 참조. 서토를 하(夏)라 함은 위치상 남부대가(南部大加)의 관할이기 때문임. 하는 강·회·산동·산서·직예(江·淮·山東·山西·直隸) 등 조선의 식민지와 한족(漢族)·묘족(苗族)의 총칭.

26) 이른바 주지육림(酒池肉林)과 포락지형(炮烙之刑)으로 잘 알려짐.

27) 桀爲暴虐 諸夷來侵 殷湯革命 伐而征之(걸이 포학하여 여러 이족들이 침범해왔으며 은의 탕왕이 혁명을 일으켜 걸을 정벌했다)
    - 후한서 동이전(後漢書 東夷傳) -

(2-114-61) 참조.
湯欲伐桀 伊尹曰 請阻乏貢職以觀其動 桀怒 起九夷之師以伐之 伊尹曰 不可 彼猶能起九夷之師 是罪在我也 湯乃謝罪 復入職貢 明年不貢職 桀起九夷之師 九夷之師不起 伊尹曰 可矣 湯師伐之 遷桀南巢(탕이 걸을 정벌하려 하자 이윤은 조공을 줄여서 걸의 움직임을 보기를 청했는데 걸이 노하여 구이의 군사들을 일으켜 탕을 정벌했으므로 이윤은 "불가합니다. 걸이 능히 구이의 군사를 일으킬 수 있다는 것은 우리에게 죄가 있는 것입니다."라고 했다. 탕은 이에 사죄하고 다시 조공을 바쳤다. 다음 해에 다시 조공을 안하자 걸은 구이의 군사를 일으켰으나 움직이지 않았으므로 이윤은 "(이제는) 가능합니다."라고 하여 탕은 정벌을 단행하고 걸을 남소로 옮겼다)
 - 설원(說苑) -
즉, 탕의 혁명은 배달족(구이 군사)의 동향 여하에 달려 있었음.

28) (6-77) 참조. 서토의 주(周) ~ 전국(戰國)시대까지의 동이족 전쟁 기록이나 병법에 '군중에게는 복서점무(卜筮占巫)를 금했다'는 기록이 있음.
고구려 직제 편에는 의속(醫屬)·천관(天官)·선인(仙人)이 있는데, 삼천 년 전부터 군사(軍師)에 빈객(賓客)제도가 있어서 승패(勝敗)를 점쳤으며 상빈(上賓)을 천관이라고도 함.
대동군옥(大東群玉)에는 삼국 전후에 거북점이 널리 보급되고 거북점 치는 집은 청기백기를 띄웠다는 기록이 있음.

(6-79) 참조. 책략(策略)의 어원은 복술가들이 거북점 통속에서 복저(卜箸)를 뽑는 데서 유래했고, 권모술수의 어원도 천관이나 복술가들의 계략을 뜻함. 수·당 시기까지

서토의 중앙 기구에 작위를 가진 천관이나 춘관(春官) 밑에 사무(司巫)·무사(巫師)·대복(大卜) 직제를 두었으며 향교에도 같은 제도를 채택함. 고려 말·조선 초 과거 제도에도 복술과(卜術科)가 있었음.

29) 仲丁六祀 征于藍夷(중정 육 년에 남이를 정벌했다)
- 죽서기년(竹書紀年) 및 후한서 동이열전(後漢書 東夷列傳) -

仲丁六祀 又有藍夷復叛(중정 육 년에 다시 남이가 반란했다)
- 동사강목(東史綱目) -

河亶甲四祀 征藍夷(하단갑 사 년에 남이를 정벌했다)
- 죽서기년(竹書紀年) 및 해동역사(海東繹史) -

30) 庚寅四十七年 殷主武丁旣勝鬼方 又引大軍侵攻索度令支等國 爲我大敗 請和入貢
壬辰四十九年 蓋斯原褥薩高登 潛師襲鬼方滅之(…은왕 무정이 귀방에서 승리하고 대군을 이끌고 색도·영지 등에 침공했으나 우리에게 크게 패하고 화해를 청한 후 조공했다 … 개사원 욕살 고등이 군사를 몰래 이끌고 귀방을 습격하여 멸망시켰다)
- 단군세기 소태 경인 및 임진 조(檀君世紀 蘇台 庚寅·壬辰 條) -

* 단군조선의 강력한 무력은 독특한 활·화살 등 정교한 무기가 발달한 데서 가능했다고 전함.

(13-63) 참조. 숙신의 화살(호시;楛矢)와 화살촉(석촉;石鏃)에 관한 기록 :
有石弩皮骨之甲 檀弓三尺五寸 楛矢長 尺有咫 其國東北有山出石 其利入鐵 取之必先祈神(석로와 가죽 뼈로 만든 갑옷이 있다. 단궁은 삼척 오촌이고 화살은 일척 팔촌이며 그 나라 동북쪽의 산에서 돌이 나는데 예리함이 철을 뚫는다. 그것을 취할 때 먼저 신에게 기원한다)
- 진서 권 구십구 숙신(晉書 卷九十九 肅愼) -

其人 皆能弓射 弓長四尺 勁疆箭以楛爲之 長尺五寸 青石爲鏃(그 사람들은 모두 활쏘기에 능하며 활 길이는 사척이고 화살을 강하게 당겨 쏘는데 (화살) 길이는 일척 오촌이고 푸른 돌로 화살촉을 삼는다)
- 산해경 곽주(山海經, 郭注) -

寧古塔與肅愼相近 水中木變爲石卽石鏃也(영고탑은 숙신과 가까운데 물속에 나무가 변한 돌이 있으니 곧 돌화살촉이다)
- 상서 고문소증(尙書 古文疏證) -

31) 及武乙 東夷浸盛 遂分遷淮岱 漸居中土 所謂徐夷是也(무을왕때 이르러 동이의 내침이 왕성하여 드디어 나뉘어 회 대 지방에 옮겼고 점차 가운데 땅에 거주했으니 이른바 서이가 그것이다)
- 후한서 동이열전(後漢書 東夷列傳) -

32) (18-407) 참조. 서백 창은 은의 지배에 대항하는 사상적 토대로 복희 팔괘를 부연한 육십사괘를 창안하고 주역을 만듦. 원래 오행과 팔괘는 다 배달족이 만들어서 오행은 실물(實物)에 운용하고 팔괘로 우주 변화의 이체(理諦)를 설명했으나 창은 오행을 빼고 팔괘를 부연한 것이며, 새로운 논리로 은의 종교와 배달족의 사상을 함께 공격한 것임.

33) 그러나 화족이 신봉하는 도교의 최고 경전인 노자 도덕경에는 '萬物負陰而包陽 冲氣以爲化(만물은 음을 지고 양을 안고 있는데 (사이에) 빈 기운이 있어서 (만물을) 변화시킨다'라는 구절이 있어서 음양을 조화시키는 기운이 있음을 강조하고 있음. 또한 주역 자체도 서법(筮法)에 의한 점서(占書)라는 성격을 지니고 있음.

 (23-239) 참조.
聖人以神道設教而天下服矣(성인이 신도로서 교를 세우니 천하가 복종했다)
- 주역 관괘(觀卦) 단전(彖傳) -
에 보듯이 유교의 기반은 은나라 때까지는 신도였으나, 춘추시대부터 신도의 본질이 흐려졌고, 진한(秦漢)시대에 이르러서는 사술(邪術)에 빠짐.

34) (18-412) 참조.
백이·숙제는 고죽국 왕자로서 서백 창의 치적을 듣고 서주로 갔으나 무왕의 출전을 보고 '신하가 임금과 싸우니 충(忠)인가? 죽은 아비를 묻지도 않고 전쟁을 먼저 하니 효(孝)인가?' 하고 항의한 후 고국으로 돌아갔고, 화족의 화(禍)가 곧 닥칠 것임을 알리고자 고행(苦行) 중 사망함.

35) (13-66) 참조. 기자는 홍범구주를 같은 동이인(東夷人=배달족) 송미자(宋微子)에게 넘겨줬으므로 홍범구주 해설은 송미자 열전에 있음.
箕子說洪範九疇于微子(기자가 홍범구주를 미자에게 설명했다) 云云
- 사기 송미자 열전(史記 宋微子列傳) -

홍범의 근거가 된 고대 동아시아의 역법도 배달족이 창안함.
中國曆法始於東夷 造曆者羲和子也 系出東夷 殷商先公 東夷造曆之事 實無疑問也 羲和子 帝俊之妻 生十日 按生十日 郭注 生十子 各以日名之故言十日 日數十也甚是 日數十指 甲乙丙丁戊己庚辛壬癸 十天干而言…按此與羲和浴日義 同表示 子丑寅卯辰巳午未申酉戌亥十二地支 亦東夷文化的産物
 (중국 역법은 동이로부터 시작되었는데 역을 만든 이는 희화자이며 동이계에서 나왔고 은상의 조상이다. 동이가 역법 만든 것은 실로 의문이 없다. 희화자는 제준의 처로서 열 개의 해를 낳았다. 열 개의 해를 낳았다는 것에 대해 곽씨는 열 아들을 낳은 것인데 각각의 날로 이름 지었으므로 열 개의 해로 표현했다고 해석했다. 날 수가 열이라는 것은 갑부터 계까지의 열 개 천간을 말하는데 희화가 해를 목욕시켰다는 뜻도 같은 표시이다. 십이지지 또한 동이문화의 산물이다)
- 서량지 저 중국사전사화(中國史前史話) -

36) 子曰 欲居九夷 或曰 陋如之何 子曰 君子居之 何陋之有(공자가 구이의 나라에 살고자 하니 누군가 '누추하지 않겠는가' 물어본 즉 공자는 '군자가 사는데 무슨 누추함이 있겠는가'라고 말했다)
- 논어 자한 제구(論語 子罕 第九) -

37) 금선(金仙)의 최고 이상은 심우도(尋牛圖)와 청정경(淸靜經=太上老君說常淸靜經)에서 가르치듯이 위화중생(爲化衆生;즉, 중생제도)에 있음.

38) 일본 고대사에 등장하는 신무천황(神武天皇)의 부친(彦波瀲武鸕鷀草葺不合)과 동일 인물로 간주됨.

39) 호(胡)는 고(古)와 월(月)의 합성어로서 월신(月神)숭배자들이라는 의미가 있다고 함.

40) 연의 공자 이름은 서토 사서에는 진개(秦開)로, 단군세기에는 한개(韓介)로 표현됨.

41) (29-265) 참조. 고구려의 동맹 의식에 표현된 수혈(隧穴)은 실물이 확인됨 : 국내성 추정 지역 동쪽 17킬로미터 지점의 태왕향상해방촌(太王鄕上解放村)에 있고 수로를 통하여 국내성에 도달함.

(29-282) 참조.
수신제(隧神祭)는 하늘굿의 선행 절차로서 천신적 성격인 웅녀·하백녀를 배합한 제례로 보기도 함. 즉, 고구려의 시조모(始祖母)로서 시조신 해모수와 함께 천신 계통임.

(민족문화대백과 사전) 참조. 수신제는 팔관회의 원형으로서, 동굴에 모신 목각상(木刻像)을 신 맞이하여 제의(祭儀)를 치른 후에 다시 원래의 자리로 돌려보내는 형식이며, 동명왕도 기린굴을 통해서 하늘과 땅 사이를 왕래한 것으로 믿어짐.

* 동맹제는 팔관회로 계승됨.

* 배달족의 고대 굿과 유사한 것은 스텝-투르크 사회의 굿 : 군사를 일으키기 전에 텡그리(천신)에게 굿을 올리고 음주가무와 놀이를 즐기는 등 비슷함.

* 무(巫)는 많은 군중이 신명이 더 날수록 더욱 쉽게 신령을 만나고 기쁘게 해 줄 수 있음.

(22-49) 참조. 제천의례는 결국 굿판이라고 할 수 있음.

(29-283) 참조. 고구려에서는 서토에서 도입된 사직·영성(靈星) 등도 신령으로 모심. 신라에서도 사직·영성 및 풍백(風伯)·우사(雨師) 등을 제사함.

42) 고려 중엽에 김부식은 가야의 역사를 생략한 채 삼국사를 저술하여 삼국시대라는 그릇된 명칭을 남겨 놓음.

43) 慕本二年(서49) 春 遣將襲漢北平漁陽上谷太原 而遼東太守蔡경 以恩信待之 乃復和親(모본 2년 봄에 장수를 보내어 한의 북평·어양·상곡·태원을 습격했는데, 요동태수 채동이 은혜와 신의로 대하므로 다시 화친했다)
- 삼국사 고구려 모본왕 조(三國史 高句麗 慕本王 條) -

(2-114-52) 참조. 王都有東西兩城 號固馬城 亦曰 居拔城(왕의 도읍이 동과 서에 두 성이 있는데 고마성이라고도 하고 거발성이라고도 함)
- 흠정 만주원류고 권구 백제도성(欽定滿洲源流考 卷九 百濟都城) -

44) (29-263) 및 〈삼국사 잡지(雜誌) 제사조(祭祀條)〉 참조. 즉, 서토의 농업신·토지신을 수용한 것이며, 고대의 굿은 하늘굿 중심인데 부수적으로 농경 의례적 성격이 가미됨. 신라에서는 풍백과 우사에게도 제사 올림.

45) (22-19) 참조. 신라 제2세 남해차차웅(南解次次雄)의 명칭은 무인(巫人)을 뜻하는 차차웅(또는 자충;慈充)에서 비롯되었고, 후일에 왕권이 강화된 다음에도 사무(師巫)·신무(神巫) 등의 명칭으로 존경받음. 불교 승려도 다른 나라에서 온 무당으로 여겨서 자충으로 불리다가 중으로 변음되었다 함.
화랑들은 혜성가(彗星歌)에서 표현되었듯이 가무(歌舞) 속에 주력(呪力)이 있다고 믿었으며, 화랑의 가무음곡 전통은 고려 때 팔관회에서도 계속 이어져, 신라시대 가장 문도를 많이 거느렸던 화랑 네 명을 기려서 만든 사선악부(四仙樂部)가 흥을 돋우었음. 현재도 가무 위주의 무당서방들을 화랑·화랭이라고 부름.

46) 居柒夫等乘勝 取竹嶺以外高峴以內十郡 至是惠亮法師領其徒出路上 居柒夫下馬以軍禮揖拜 進曰 昔遊學之日 蒙法師之恩得保性命 今邂逅相遇 不知何以爲報 對曰 今我國政亂 滅亡無日 願致之貴域 於是 居柒夫同載以歸 見之於王 王以爲僧統 始置百座講會及八關之法 (거칠부 등이 승세를 타고 죽령 이북 고현 이내의 열 개 군을 공취했는데, 이때 혜량법사가 그 무리를 이끌고 길에 나섰으므로 거칠부는 말에서 내려 군례로 읍배하고 이르기를 '예전에 돌아다니며 배우던 날에 법사의 은혜를 입어 성명을 보존했는데 지금 서로 만나게 되니 어찌 은혜를 갚을지 모르겠습니다' 하니, 대답하기를 '지금 내 나라(고구려)는 정치가 문란하여 곧 멸망하게 되었으니 귀하의 나라에 가고자 합니다' 했다. 이에 거칠부는 함께 돌아와서 왕에게 보이니 왕은 (혜량을) 승통으로 삼고 백좌강회와 팔관법을 설치하기 시작했다)
- 삼국사 권사십사 열전 제사 거칠부전(卷四十四 列傳 第四 居柒夫條)(진흥왕 십이 년, 서551) -

* (2-120-72) 참조. 신라 관제(官制)에 승통은 무관(武官)에 속하므로 혜량은 무관직 겸임한 것임.
國統一人(一云 寺主) 眞興王十二年 以高句麗惠亮法師爲寺主,始以寶良法師爲之(나라에 승통은 한 명이며 사주라고도 함. 진흥왕 12년에 고구려 혜량법사를 사주로 삼았으며, 처음 승통은 보량 법사임)
- 삼국사 직관 하 무관 조(三國史 職官下 武官條) -
따라서 신라불교는 대단히 전투적인 신앙으로 숭배되었음을 알 수 있음.

47) 혜량의 신라 귀화는 당시 고구려에 도입되기 시작한 도교의 영향으로 불교가 약화되는 데 불만을 품고 신라에서 불교를 부흥시키려는 의지에 의한 것이었다고 보는 연구도 있음.

(14-67) 참조. 삼국유사에 의하면 신라 미추왕 3년에 성국공주(成國公主)의 병을 무당과 의원이 못 고치고 고구려 출신 승려 아도(阿道)가 치료한 일이 불교 도입의 계기가 되었다고 함. 이때부터 무(巫)의 기능 중 소재(消災) 치병(治病) 기우(祈雨) 등 많은 부분들이 불교로 넘어 가는 무불교대(巫佛交代) 현상이 나타나기 시작했고, 고려 때는 불교가 그와 같은 많은 기능들을 담당하여 무교가 주변화되었으며, 무인집권기인 고려 중엽부터는 무교가 혹세무민으로 여겨지다가 말기에는 성리학자들이 무교를 강력하게 배척하여 약화됨.

48) 國有玄妙之道 曰風流 設敎之源 備詳仙史 實乃包含三敎 接化群生 且如 入則孝於家 出則忠於國 魯司寇之旨也 處無爲之事 行不言之敎 周柱史之宗也 諸惡莫作 衆善奉行 竺乾太子之化也
"우리나라에는 현묘한 도(道)가 있는데, 이것을 배달길이라 한다. 이 가르침을 설치한 근원은 이미 선사(仙史)에 자세히 적혀 있는데, 진실로 세 종교들을 포함한 것으로서 뭇 삶을 접촉하여 감화시킨다. 그리고 또한 집에 들어와서는 어버이에게 효도하고, 나가서는 나라에 충성하니 이는 공자의 취지요, 하염없이 일들을 처리하고 말 없는 가르침을 실행하니 이는 노자의 종지요, 모든 악함을 짓지 않고 모든 착함을 받들어 행하니 이는 석가의 교화다."
- 삼국사 진흥왕 37년 조의 난랑비 서문 -

(28-44) 참조.
배달족의 현묘지도는 노자 도덕경의 현묘도가 아니라 고신도적(古神道的) 신선 사상으로서 신묘한 진리가 있음을 뜻함.

(32-22) 참조.
난랑은 신선도와 화랑도를 한데 엮어 동시에 표현한 복합명사임. 즉, 오색찬란하고 연한 녹색 구슬로 장식하고 분을 곱게 바르고 아름다운 옷을 입는 것은 난조의 모습을 모방한 화랑의 자태이며, 산수간(山水間)을 유람하며 도의를 갈고 닦으며 풍물·노래·춤을 즐기는 것은 난조처럼 오음(五音)을 즐기는 화랑의 풍류를 본뜬 것이라 함.

49) (28-40) 참조. 진흥왕은 '欲興邦國 須先風月道(나라를 일으키려면 모름지기 풍월도를 우선해야 한다)'는 신념을 가지고 있었고, 마운령순수비문에는 '純風不扇則世道乖眞 玄化不敷則邪爲交競(순박한 풍속을 부채질해 일으키지 않으면 세상의 도리가 진리에서 떨어져나가고, 현묘한 교화를 펴지 않으면 간사한 일들이 번갈아 겨루게 된다)'고 밝힘.

50) (32-22) 참조. 화랑의 삼덕행(三德行) 삼미행(三美行)은 겸손(지위가 높아도 윗자리에 앉지 않음)·검소(부유해도 사치하지 않음)·인자(권세 있어도 허세부리지 않음)로서, 이러한 덕목을 갖춘 화랑을 신선화랑(神仙花郞)이라고도 함.

51) 풍류 = 부루 = 밝누리 = 밝달 = 박달 = 배달이라고 풀이됨.

52) 석가불은 이미 자신이 맡은 중생 제도의 역할을 마치고 열반에 들었으며, 미륵은 후일 용화세계의 주역이 될 미래불로서, 새로운 세상을 염원하는 대부분의 민중은 지난한 수도 과정이나 오묘한 득도의 경지를 스스로 거쳐야만 하는 어려운 해탈의 방법보다는, 미륵불의 원력에 의지하여 지상극락인 용화세계를 이룩하고 불도를 성취하려는 동기에서 미륵신앙을 선택하는 경향이 많았음. 석가불을 따르는 무리는 석씨(釋氏)를 표방하고, 미륵불을 따르는 무리는 자씨(慈氏)를 표방함.

53) 화랑과 미륵 신앙은 삼국유사의 부례랑(夫禮郞)·죽지랑(竹旨郞)·미시랑(未尸郞) 등의 내용에서 보듯이 대단히 밀접한 관계이며, 월명사(月明師)가 지은 도솔가도 미륵불에게 바치는 노래임.
至今國人稱神仙曰彌勒仙花(지금 나라 사람들이 신선을 미륵선화라 칭한다)
- 삼국유사 미시랑조 -

(2-120-66) 참조.
화랑의 집회는 '용화수 아래에서 성도하여 삼회의 설법을 베푼다'라는 미륵불의 법연(法筵)으로 의정(擬定)되었음.

(2-120-68) 참조.
화랑도 가운데는 항상 승려가 주축이었는데 주로 화랑의 주가(呪歌)를 제작하거나 집회에서 부처를 봉사(奉祀)하는 역할을 담당함. 예를 들면 석혜숙(釋惠宿)은 화랑 호세랑(好世郞)의 무리에, 승전밀(僧轉密)은 화랑 문노(文努)의 무리에 속함. 미륵신앙은 이상적 세계를 구현하려는 메시아적 사상과 연관되어 화랑의 감투 정신에 기여함.

54) 당태종은 후한 말 오두미교란(五斗米教亂=황건적;黃巾賊)의 후환과, 후한 말 이래 도입된 불교가 성행할 때 한족(漢族)이 약해졌다고 판단하여 자신은 유교를 통치 이념으로 삼는 한편, 다른 나라들에는 도교와 불교를 권하여 문벌(文伐)을 도모함. 신라도 (서)750년경부터 당의 중화사상에 편승하여 염전(厭戰)사상이 고조되고 사치 풍조에 흐르는 경향이 강해졌으며, 36대 경덕왕(서742-765)은 관제를 당나라 식으로 고침. 이후 호족들이 반발하여 군웅할거로 번져 감.

55) (18-378) 참조.
고어에 병마원수(兵馬元帥)를 '말치'라 했고 막리지(莫離支)로 기록됨.

56) (29-276) 참조.
당 침략군이 요동성을 포위하고 집중 공략하여 함락지경에 빠지게 됐을 때, 요동성안의 주몽사(朱蒙祠)에서 신무(神巫)에게 신령이 씌워져서 공수 내린 기록이 있음.
…城有朱蒙祠 祠有鎖甲銛矛 妄言前燕世天所降 方圍急飾美女以婦 神巫言朱蒙悅城必完…
(성에 주몽 사당이 있고 사당에는 쇠사슬 갑옷과 갈고리 창이 있는데 전연시대에 하늘이 내린 것이라고 망령되이 말한다. 바야흐로 포위가 급하게 되자 미녀를 잘 꾸며서 (신의) 부인으로 삼았는데, 신들린 무녀는 주몽이 기뻐하고 성은 완전하리라 말했다) - 그러나 결국 침략군의 맹렬한 공격으로 함락당하고 말았음.

57) 발해국(渤海國) 또는 대진국(大震國)으로도 알려짐.

58) 김춘추에게 막연하게나마 같은 고조선 후손으로서의 민족의식이라도 있었다면 이민족임이 확실한 한족(漢族)의 당나라와 합세하여 백제와 고구려를 멸망시키려 추진하지는 않았을 것임. 따라서 동아 대란 시기의 신라가 민족 통일이라는 목표를 가졌다는 것은 다만 후세에 신라 정통론을 세우고자 한 어용사가들에 의한 상상력의 산물일 뿐이며, 실제로는 신라의 강역 확장을 노린 전국책략(戰國策略)만이 있었을 뿐이고, 화랑은 그런 목적에 이용된 걸로 보는 게 진실에 가까울 것임.
확고한 근대적 민족 개념이 성립된 것은 고구려 고토 회복을 위시한 삼한 통합을 국가적 목표로 내세운 고려 태조 이후라고 보는 게 옳을 것임. 신라는 당과 합세하여 고구려의 후예임이 분명한 발해를 침공하는 등 적대적 관계를 견지했음.

59) 신라 말기의 화랑에 관한 기록
國仙邀元郎譽昕郎桂元叔宗郎等遊娛金蘭(通川) 暗有爲君主理邦國之意 乃作歌三首 使心弼舍知授針卷 送大矩和尙 今作三歌 初名玄琴抱ան 第二大道曲 第三問群曲 入奏於王 王大喜稱賞 歌未詳(국선 요원랑 예흔랑 계원 숙종랑 등이 금란을 유람하는데 은근히 임금을 위하여 나라를 다스리려는 뜻이 있었다. 이에 노래 세 수를 짓고 다시 심필사지를 시켜서 공책을 줘 대구화상에게 보내서 노래 세 수를 짓게 하니, 첫째는 현금포곡이요 둘째는 대도곡이요 셋째는 문군곡이었다. 대궐에 들어가 왕께 아뢰니 왕은 기뻐하여 칭찬하고 상을 주었다. 노래는 알 수 없다)
- 삼국유사 경문대왕 조 -
* 사지(舍知)는 신라 17관등의 13위 벼슬임
통일 전쟁 후 백 년 이상 안정기가 계속되면서 화랑들의 명승지 순례가 단순한 놀이로 변질되어 갔고, 귀족들의 세력이 강해지면서부터는 귀족들의 사병화(私兵化) 현상도 나타남으로써 국가·왕권을 옹호하던 본질에서 멀어지게 되어 존재 의미가 소멸되어 감. 훗날 고려에서 팔관회 때 양가 자제(良家子弟)들의 가무로 유풍이 이어지고, 조선시대에는 완전히 가무집단화 하여 무부(巫夫)·창우(倡優)·유녀(遊女)·무동(舞童) 등을 가리키는 용어로 쓰임.

60) 궁예와 미륵 신앙의 관계 :
善宗自稱彌勒佛 頭戴金幘 身被方袍 以長子爲靑光菩薩 季子爲神光菩薩 出則常騎白馬以綵飾其鬃尾 使童男童女奉幡蓋香花前導 又命比丘二百餘人梵唄隨後 又自述經二十餘卷 其言妖妄 皆不經之事 時或正坐講說(선종=궁예는 스스로 미륵이라 하여 머리에 금빛 두건을 쓰고 몸에는 방포를 입었으며 큰 아들을 청광보살 작은 아들을 신광보살이라 했다. 외출 때는 항상 백마를 탔는데 비단으로 말갈기와 꼬리를 장식했고, 동남동녀들에게 깃발과 덮개와 향기로운 꽃을 받들게 하고 비구 이백여 명이 찬불가를 부르며 뒤에 따르게 했다. 또 스스로 책을 이십여 권 썼는데 요망스러운 말들이었고 모두가 불경에는 없는 것이었다. 때로는 정좌하고 강설을 하기도 했다)
- 삼국사 열전 궁예 -

61) 고려 사회의 분위기에 대한 송나라 사신 서긍의 기록 :
夷政甚仁 好佛戒殺 故其國王相臣不食羊豕 亦不善屠宰 唯使者至則前期蓄之 及其將用縛四足投烈火中 待其命絶毛落 以水灌之(동이의 정치는 매우 어질고 부처를 좋아하며 살생을 경계하므로 국왕과 재상들은 양과 돼지를 안 먹고 도살을 잘 못한다. 오직 (외국)

사자가 오면 그 전에 (짐승을) 비축하며 장차 쓰려고 할 때 네 발을 묶어서 뜨거운 불에 던져 숨이 끊어지고 털이 떨어지면 물로 씻는다)
- 고려도경(圖經) 잡속(雜俗) 도살(屠殺) 조 -

62) 나라를 대표하는 선랑이라는 뜻과 '굳센'이라는 이두적 의미가 어우러진 용어로 보기도 함.

63) …曷如復行先王燃燈八關仙郎等事 不爲他方異法以保國家致大平乎 若以爲然則 當先告神明然後戰之與和 惟上裁之 成宗然之 時成宗樂慕華風 國人不喜 故知白仍之(…어찌 선왕의 연등·팔관·선랑 등의 일을 다시 행함만 같겠습니까? 외국의 같지 않은 방법으로 나라를 크게 평안하게 할 수 없습니다. 옳다고 여기시면 마땅히 먼저 신명께 고한 후 싸우든 화해하든 임금의 재량에 달렸습니다. 이 때 성종은 모화풍을 즐겼는데 나라 사람들이 기뻐하지 않았으므로 지백이 거듭 말했다)
- 고려사 열전 서희 -

64) 이 조치는 서토 공략을 앞두고 후방의 안전을 도모하기 위하여 고려 측에 대한 일정한 양보를 전제로 화친책을 강구한 것으로 볼 수 있음. 어차피 거란의 지배가 용이하지 않던 지역이므로 거란으로서는 일단 양보해 놓은 후 서토 공략이 끝난 후에 다시 고려를 위협하여 돌려받으려는 계산이었을 것으로 사료됨.

65) 거란과의 항쟁에 조의선랑들이 큰 역할을 한 사실은 송의 사신 서긍(徐兢)이 기록한 바 있다.
在家和尙 不服袈裟 不持戒律 白紵窄衣 束腰皂帛 徒跣以行 間有穿履者 自爲居室 娶婦鞠子 其於公上 負戴器用 掃除道路 開治溝洫 修築城室 悉以從事 邊陲有警則團結而出 雖不閑於馳逐 然頗壯勇 其趣軍旅之事則 人自裹糧 故國用不費而能戰也 聞中間 契丹爲高麗人所敗 正賴此輩 其實刑餘之役人 夷人以其髡削鬚髮而名和尙耳(재가화상은 가사를 입지 않고 계율을 지키지 않으며 폭이 좁은 흰 모시옷에 검정색 깁으로 허리를 묶고 맨발로 다니는데 간혹 신발을 신은 자도 있다. 거처할 집을 자신이 만들며 아내를 얻고 자식을 기른다. 그들은 관청에서 기물을 져 나르고 도로를 쓸고 도랑을 치고 성과 집을 수축하는 일에 종사한다. 변경에 경보가 내려지면 단결해서 나가는데, 비록 달리는 데 익숙하지 않기는 하나 자못 씩씩하고 용감하다. 군대에 갈 때 각자가 양식을 마련해 가기 때문에 나라의 경비를 소모하지 않고서 전쟁을 치를 수 있다. 듣기로는 중간에 거란이 고려인에게 패한 것도 바로 이 무리들의 힘 때문이었다고 한다. 그들은 사실 형벌을 받고 복역하고 있는 자들인데, 고려인들은 그들이 수염과 머리를 깎아 버렸기 때문에 화상이라는 이름을 붙인 것이다)* 강조된 부분 참조
- 선화봉사고려도경(宣和奉使高麗圖經) 18장 도교(道敎) 재가화상(在家和尙) -

66) (18-369) 참조.
대금국사(大金國史)에 '금(金)의 본성(本姓)은 주리진(朱里眞)이요, 주리진은 신(愼)의 전음(轉音)이요, 금(金)의 뜻'이라 함. 고대에 장엄한 자리나 신성한 땅을 반드시 '신'이라 했다 함.

(18-373) 참조.
고려사 팔관회 조에 '몽고주(蒙古主)가 일인(一人)이라 해동천자(海東天子)라 하는 이름을 폐지하였다'함. 즉, 고려가 해동천자를 사처하고 있었음을 반증함.

67) (2-117-48) 참조.
예종때 윤관이 창설한 별무반(別武班)의 항마군(降魔軍)은 승려로 구성된 선군(仙軍)이며, 삼별초도 선군임. 고려 22세 고종, 25세 충렬왕, 26세 충선왕, 27세 충숙왕까지 군역명칭에 국선(國仙) 기록이 있음.

68) 신원사(新元史) 고려열전에 '…世祖(忽必烈)驚喜曰 高麗萬里之國 自唐太宗親征不能服之 今其世子自來歸我 此天意也…今普天之下 未臣服者惟爾國耳'(세조 쿠빌라이가 놀라고 기뻐서 이르되, 고려는 만리의 나라이며 당태종이 친정한 때부터 굴복시키지 못했는데 이제 세자가 스스로 와서 내게 귀의하니 이것은 하늘의 뜻이다…지금 넓은 하늘 아래 땅에서 신복하지 않은 것은 오직 너의 나라뿐이다)라고 한 기록이 있음.

69) 시대적 경향에 따라서 삼국유사·제왕운기·동명왕편 등이 저술됨.

70) (2-117-56) 참조.
今一二浮圖山人也 常徘徊王宮而入臥內階下 惑佛每優容之 浮圖者旣冒寵 屢以事于聖穢德 而陛下勅內臣 句富三寶以毅取息於民 其弊不細(오늘날 한두 사람의 승려가 산사람이면서 항상 왕궁을 기웃거리다가 궁내에 들어와서 자리 잡고 있습니다. 그런데 폐하께서는 부처에 혹하여 매양 이를 우대하고 용납하셨습니다. 이에 승려라는 자는 임금님 은총을 입고 임금님께 일을 벌여 덕을 더럽혀 왔건만 폐하께서는 내신에게 조칙을 내려 저들이 삼보를 취급하게 하고 백성들에게서 이식을 취하게 하니 그 폐단이 적지 않습니다)
- 고려사 열전 최충헌 조 -

71) (10-334) 참조.
고려 중엽 이후 연등·팔관을 비롯하여 68가지나 되는 법회가 열려 민중이 피폐해지고, 절에서 양조업·고리대금업까지 성행했으며, 고려 말기 송도 인구 12만호에 사찰이 360개나 됨.

72) 고려나 조선이 명을 도모하려면 배후의 여진을 확고한 동맹자로 만들어 놓아야 하는데, 여진으로서는 강동 6주주와 동북면(쌍성)이 다 탈환 대상이어서 고려 말엽 혼란기에 회수하려 했으나 기대했던 이성계가 고려 측에 귀부하자 퉁두란의 부족을 제외한 동여진은 배신감을 느껴 탈환의 기회를 엿보게 되고, 사군(四郡)과 육진(六鎭)을 설치하는 등 강력한 북방 강역 확장책을 시행한 세종 이후 잦은 변란의 한 원인으로 작용한 것으로 사료됨.

73) (7-169)에 의하면 정책적 억압에도 불구하고 조선시대에도 민간에서 무속이 성행한 기록이 성종실록 9년 11월조에 기록되어 있고, 조선왕조실록에만 기우제를 포함한 120회 이상의 무속 기록이 있으며, 나라에서 주관한 서낭제도 자주 열렸고, 부락제(部

落祭)도 성행했고, 역병을 물리치는 방편으로 여제(厲祭)도 열림.

74) (7-169)에 의하면 세종대왕은 무녀를 질병 치료에 활용하고자 재능 있는 무녀들을 활인서(活人署)에 소속시켜 의생(醫生)들과 함께 환자를 돌보게 한 것으로 알려짐.

(23-245) 참조.
조선의 제사 : 세종실록 권 128에 의하면 사직(社稷)·종묘(宗廟)·문묘(文廟)·풍백(風伯)·운사(雲師)·우사(雨師)·성황(城隍)·영성(靈星)·악(嶽)·해(海)·독(瀆)·선농(先農)·선잠(先蠶)·우사(雩祀)·마조(馬祖)·사한(司寒) 등 국가신과 자연신에 대한 제의를 국가가 관장했음.
조선시대의 제사 중 가장 기본적인 것은 가례(家禮)로서 가묘(家廟)에 조상신을 모셨음. 제사는 본질적으로 무속과 다를 바 없으나 재앙의 제거보다 복 받는 게 핵심이며, 유와 무는 보완 관계임.

(23-251) 참조.
뚝섬에 치우신(蚩尤神)을 제사하는 마제단(馬祭壇)과 말전염병을 예방하는 마조단(馬祖壇)이 있었고, 열무장(閱武場) 역할도 했으며, 임금의 거동때 뚝기(纛旗)를 세우고 뚝소(纛所)라 함.

75) (22-21) 참조.
조선의 무교 정책은 양면성을 지닌 것으로서, 정책적으로는 억제했으나 상황에 따라서 활용하기도 함. 이는 서토에서 도교가 한 역할을 무교가 담당했다고 할 수 있음.
예: 성수청(星宿廳)을 두어 무당이 성 신(星 神)에게 왕족의 수명과 장수를 기원함.
활인서(活人署)·활인원(活人院)을 두어 의원과 함께 무당에게 전염병 치료시키고, 열심히 하면 무세(巫稅)·부역(賦役)에 혜택을 줌.

(22-52) 참조.
조선시대의 무(巫)와 유(儒)는 음(陰)과 양(陽) 같은 상호 보완관계로서, 무속(巫俗)인 고사는 가사를 전담한 여자들이 담당했고 유속(儒俗)인 제사는 남자들이 담당함. 굿도 여자들 위주임. 이는 질서(cosmos)를 중시하는 유교적인 인식 체계로만은 해결할 수 없는 질서 이전의 원초적 욕망의 세계인 혼돈(chaos)에서 발생하는 문제들을 해결하려는 데서 나온 궁여지책이라고 할 수 있음.

(22-56) 참조.
조선조 이후 산중으로 밀려 간 불교는 신도들을 절로 오게 하기 위하여 민간 신앙인 무교의 많은 요소들을 수용하여 삼신(三神)·독성(獨聖)·삼성각(三聖閣)·삼신각(三神閣) 등이 함께 숭앙됨. 산신·칠성신도 이미 고려 말엽부터 절간에 모시기 시작함.

76) (23-254) 참조.
임진란 때 명의 원군과 함께 도입된 관왕 신앙(관운장을 군신으로 모시는 신앙)은 민간 신앙으로 흡수되면서 단군과 결합한 형태로도 전승되었고, 무속 신앙 형태로도 전승됨. 주로 재신(財神)으로 신앙됨.

77) (2-114-38) 참조.
청태조(누루하치)는 광해군에게 명에게 빼앗긴 요동을 찾자는 내용의 국서를 보냄. '遼東本朝鮮國土 明人奪之 爾不知讐復反臣服於明 眞箕子之子孫 有爲奴之遺性者矣 吾固不畏明(요동은 본시 조선 국토인데 명에서 빼앗았건만 너희는 복수할 줄 모르고 오히려 명에 신하 노릇을 하고 있다. 참된 기자의 자손이면서도 노예의 기풍이 있는 것이로다. 나는 진실로 명을 두려워하지 않는다)
- 만주노당비록 상권(滿洲老檔祕錄 上卷) -

78) 동학의 대표적인 주문이 시천주 조화정 영세불 만사지(侍天主造化定永世不忘萬事知)임.

79) (23-288) 참조. 일제강점기 식민주의자나 계몽 사상가들은 유교 전통 파괴에 동일한 신념을 가졌는데, 이는 애국 계몽 운동가들의 대부분이 서양적 합리주의자거나 기독교 계통이었던 데서 비롯됨. 이에 자극받아 유교 개혁 운동이 발생했는데, 주로 유교의 비판적 반성과 제도 개혁을 통한 계몽운동으로 서양 과학 지식을 수용하는 새 도덕 질서를 강조했으므로 '개혁적 동도서기(東道西器)'로 볼 수 있음. 유교 개혁 운동가들은 서양의 강성이 종교적 우월성에 있는 게 아니라 힘의 우월에 의한 것으로 파악했으며, 유교의 통합적·조화적 사상이 장차 융성할 것임을 확신했음.

80) (2-115-83) 참조.
조선시대 이후 일제강점기를 거치면서 화랑에 대한 개념도 많이 변함.
今以巫天倡優之賤 謂之花郞(지금 하늘에 굿하거나 광대 노릇하는 천민들을 화랑이라 한다)
- 정약용의 필언각비 권삼(疋言覺非 卷三) -

我南道之俗謂男巫爲花郞 而西北兩道以花郞爲賤娼遊女之別稱 例如罵人之辭曰'你這小賤娼婦花郞女之子息'是也(우리 남도의 풍속에 남자 무당을 화랑이라고 하는데 서북 양도에서는 화랑을 천한 창부·유녀의 별칭으로 쓴다. 예를 들면 남을 욕할 때 쓰는 말에 '너 이 천하디천한 창부 화냥년의 자식아'라는 것이 그것이다)
- 이능화의 조선무속고(朝鮮巫俗考) -

즉, 조선시대 이후 남자 무당이나 창녀를 화랑이라는 별칭으로 부름.

81) (22-73) 참조.
남한에서는 기독교가 창궐했고 북한에는 마르크시즘이 휩쓸었으나, 마르크시즘이 기독교의 세속화된 모습에 불과하므로 결국 서양 기독교적인 세계관이 남북한을 지배한 것임. 북한에서의 김일성 숭배는 가부장적 권위를 중시하던 유교와 신들린 듯 열광하는 무교의 교묘한 결합이라는 관점도 있음.

82) 신채호·계연수·정인보·안호상·이유립·윤내현 등

83) (32-22) 참조.
신라 화랑 때부터 지방 순회 음악회의 형식이 성립된 것이 훗날 흥행 배우로 변하여 화랑이·화랭이·할량의 어원이 되었고, 그 말류(末流)가 굿중패·남사당 등으로 남음.

84) (21-86) 참조.
무속적 전통에 의하여 전해진 민속과 예술들은 선운사 만세루의 자연목 건축·조선시대의 막사발·시나위(남도의 세습무들이 쓰던 음악에서 유래)·산조·판소리·살풀이(시나위에서 독립한 형태의 무당춤에서 비롯) 등 다양한 형태로 전해져 옴.

(22-91) 참조.
무속의 가장 큰 문제는 힘의 원리에 의하여 신령에게 너무 예속되어 무당의 인격은 완전히 상실되는 데 있음. 어떤 무당은 '내가 죽으면 다른 만신(무당)한테 가지 말고 절에나 가라'는 유언을 남겼다고 하는 데서 인간적 고뇌를 짐작할 수 있음.

참고보충

1. 배달족(동이족)의 기원

서기 전 10세기 경의 서토 유물에 배달족을 동인(東人)으로 표현했고, 은나라 무정(武丁) 때의 갑골복사(甲骨卜辭)에는 인방족(人方族)을 지칭하는 인(人)으로 표현되어 있다.

동작빈(董作賓)은 갑골문 단대 예 연구(甲骨文斷代例研究)에서 「人方卽是夷方 卽是東夷 說文解字 夷東方之人也(인방즉시이방 즉시동이 설문해자 이동방지인야: 인방은 곧 이방이며 곧 동이인데, '설문해자'에 '이'는 동방의 사람이다)」라고 밝혔다.

갑골학자 노간(勞幹)의 〈중국문화논집(中國文化論集) 2권〉에서는 '동방 사람(人)을 동이라 했고, 人은 尸·夷·仁으로 발전했으며, 인자(人字)를 이인(夷人)이 먼저 사용했고 부족의 이름이었는데 서방에서 뒤에 일어난 부족이 차용하여 인류(人類)라는 명사로 사용하게 되었다'라고 밝혔다.

* 說文曰 夷從弓 東方之人也; 설문(=설문해자;說文解字)에 '이(夷)란 활을 뜻하니 (활을 잘 다루는) 동방의 사람이다'라고 이름.

* 朝鮮東夷 天性柔順 異於三方之外夷 東方人也 从弓从大 夷字作 仁與古文仁同 蠻閩从蟲 狄从犬 貊从豸 羌从羊 皆異種 夷獨从大 夷俗仁壽 有君子不死之國 故子欲居九夷(조선동이는 천성이 유순하고 세 방위의 바깥 이족과는 다르

다. 동방은 사람이며 활과 큰 대자를 따라 이자가 만들어졌는데 옛글의 인과 같다. 만과 민은 벌레 충을 따른 것이며, 적은 개 견을 따른 것이며, 맥은 해태 치를 따른 것이며, 강은 양을 따른 것으로서, 모두 다른 종자들이다. 이는 홀로 큰 대자를 따랐는데 풍속이 어질고 장수하여 군자가 죽지 않는 나라가 있으므로 공자가 구이에서 살고자 했다) ; 설문 통훈정성(**通訓定聲**)

* 夷者仁也 仁而好生萬物(이는 인이다 어질고 만물을 살리기를 좋아한다) ; 예기(禮記) 12 왕제(王制)
* 後漢書曰 王制云 東方曰夷 夷者柢也 言仁而好生萬物 柢地而出 故天性柔順 有君子不死之國焉; 후한서에 '왕제(예기에서 주 왕실의 제도를 기록한 편명)에 이르기를 동방을 가리켜 이라고 하니 곧 뿌리를 말함이며, 이는 말이 어질고 살리기를 좋아하며 땅에 의지하여 만물과 함께 살았으므로 천성이 유순하여 군자가 죽지 않는 나라'라고 함.
* 山海經讚曰 東方氣仁 國有君子; 산해경 찬(讚)에 '동방의 기운은 어질어서 그 나라에 군자가 있다'라고 이름.
* 爾雅曰 東至日所出 爲太平 太平之人仁; 이아에 '동방은 해가 돋는 곳이니 태평할 것이요, 태평한 곳 사람은 어질 것이다'라고 이름.

2. 소도(蘇塗=수두)

고대에 장엄한 자리나 신성한 땅을 반드시 '신'이라고 했고 臣辰震 등 단어를 사용함. 따라서 소도는 신성한 제천 장소이므로 신소도(臣蘇塗)라

했고, 재상은 높은 자리이므로 신지(臣智 또는 神誌)라 했으며, 삼경(三京)의 대한(大汗)을 신한(辰韓), 열국의 패왕(覇王)을 신왕(辰王)이라고 함. 진단(震壇)도 신국(神國) 또는 성국(聖國)의 별칭임.

소도는 수두(神壇) 솟터(높은 지대)에서 유래한 용어이며, 솟대·솔대·소줏대라고도 표현하는데, 소는 '길게' 또는 '곧게 뻗은'이라는 뜻이며 대는 '장대(竿)'라는 뜻으로서 소도는 입간(立竿)을 뜻함. 몽골어 발음으로 고간(高竿)에서 유래했다고도 함. 만주의 신간, 몽고의 오보, 인도의 찰주(刹柱) 인다라주(因陀羅柱)와 같은 종교적 성격을 띰.

만주족의 신간은 조종간(祖宗杆)이라고도 하며, 장대 끝에 천 조각을 걸고 선조들 영혼이 옮겨 앉으면 동요한다고 믿음.

몽골인들은 사면(四面) 피라미드의 꼭대기 중앙에 우주목(宇宙木)인 잠부(신들의 음식인 열매가 달림)가 하나 있는 수메르산이라는 우주산(宇宙山)이 있다고 함. 소도의 대목(大木)도 우주목이라고 할 수 있음.

마한에서는 국읍(國邑)에 천군(天君), 별읍(別邑)에 소도(蘇塗)가 있고, 소도에는 큰 나무에 방울·북을 달아 놓았고, 5월과 10월에 굿을 벌임. 즉, 국읍에서는 국가적 의례로서의 제천 행사를 거행하고 별읍의 소도에서는 일반적 종교 의례 행사를 벌인 것으로 볼 수 있음.

소도에서의 제천 의식은 천군(天君)·영고(迎鼓)·무천(舞天)·동맹(東盟)·교천(郊天)·영성제(靈星祭)·계락(禊洛)·도천(禱天)·팔관재(八關齋)·성황제(城隍祭)로 이어지고, 신선도(神仙道)·국선도(國仙道)·풍월도(風月道)·풍류도(風流道)·화랑도(花郞道) 등의 뿌리가 됨.

솟대는 새가 있는 것과 없는 것 두 종류가 있는데, 새 있는 솟대는 새가 굿터를 지켜 주거나 무당의 수호령 역할을 하고 새 없는 솟대는 신령을 만나는 통로 겸 우주목(宇宙木)의 역할을 했으며, 솟대 자체는 점차 마을의 수호신 성격으로 바뀌어 감. 즉, 신수(神樹)와 결합된 천신(天神) 숭배가 기본임.

　범법자라도 소도에 피신하면 체포할 수 없었는데, 이는 신성한 장소엔 속세의 법이 미치지 못한다는 개념에 의한 것으로 보임. 서양 고대사의 어사일럼(asylum)도 도피 성소(聖所)였고 중세와 근대를 거치면서 정치적 망명 제도의 모범이 됨.

　이암(李嵒)의 단군 세기에 의하면 제13세 흘달 단군 20년에 수두(소도)를 전국에 많이 세워 천지화(天指花)를 심고 미혼 젊은이들을 모아 독서와 활쏘기 등을 가르쳐서 훌륭한 인재들을 배출하여 국자랑(國子郞)이라 했으며, 국자랑이 나들이할 때는 천지화를 머리에 꽂았으므로 천지화랑(天指花郞)이라고도 했다 함. 수두는 신시 시대부터 전해 온 것으로서 강화도의 삼랑성(三郞城)은 선랑의 유적임.

　태백일사에 의하면 경당에서는 다섯 정도(五正道)인 충·효·신·용·인(忠孝信勇仁)과 여섯 재능(六才)인 글 읽기·활쏘기·말 타기·예절·가무·무술을 가르쳤으며, 여랑(女郞)을 원화(源花), 남랑(男郞)을 화랑 또는 천왕랑(天王郞)이라 했다 함.

　신채호의 〈조선상고문화사〉에 의하면 화랑도의 연원은 단군조선의 수두제천의식과 같으며, 화랑은 수두 제단의 무사이자 당시에 선비라 하던 자로서, 고구려에서는 조의(皁衣)를 입어 조의선인이라 했고 신라에서는 미모를 취하여 화랑이라 했다 함. 서낭당은 선랑단(仙郞壇)의 전음(轉音)이고, 서낭당 나무는 곧 신단수(神壇樹)이며, 서낭당 돌무더기는 신단(神壇)임.

　* 신라의 무왕(巫王); 南解居西干 亦云 次次雄 是尊長之稱 唯此王稱之…
　　次次雄或作慈充… 金大問云 次次雄 方言謂巫也 世人以巫事鬼神 尙祭

祀 故畏敬之 遂稱尊長者爲慈充(남해거서간을 차차웅이라고도 한다. 이것은 존장에 대한 칭호인데 오직 이 남해왕만 차차웅이라고 불렀다… 차차웅은 자충이라고도 하는데… 김대문은 말하기를 '차차웅이란 무당을 이르는 방언이다. 세상 사람들은 무당이 귀신을 섬기고 제사를 숭상하기 때문에 그들을 두려워하고 공경하므로 드디어는 존장되는 이를 자충이라고 한다'라고 했다)

- 삼국유사 남해차차웅 조 -

3. 제천의식(祭天儀式) 보충

〈후한서〉 동이전(東夷傳)과 〈삼국지〉 위서 동이전에 고대 우리나라의 종교 의식에 관한 기록들이 나온다. 부여의 영고(迎鼓), 고구려의 동맹(東盟), 동예의 무천(舞天), 삼한의 시월제(十月祭) 등이 바로 그것이다. 이러한 의식들은 농경과 정착 생활이 본격화함에 따라 나타난 공동체적인 질서 속에서 등장하였고, 집단 행위인 추수 감사제적인 성격을 띤 것으로 여겨진다. 이들은 대부분 추수가 끝나는 10월에 행해졌으나 삼한의 경우 5월(수릿날)과 10월(상달)에 각각 거행된 것으로 보아, 당시 농경 사회에서 파종기·수확기와 관련된 계절제라 하겠다. 단지 부여의 영고만은 중국 은(殷)나라의 정월(12월)에 행해졌는데, 이는 수렵 사회의 전통을 그대로 간직했기 때문인 것으로 보인다. 물론 여기에서도 하늘에 제사를 지내는 종교적인 의식이 거행되었으며, 직업적인 종교 전문가가 이를 주관했던 것 같다.

고구려의 동맹은 수도의 동쪽 대혈(大穴) 속에 있는 나무로 된 수혈신(隧穴神)을 맞아다가 이를 수도에 연(沿)한 하천의 동쪽 고지의 신좌(神座)에 올려놓고 국왕이 직접 제사를 지냈다. 이 수신(隧神)은 아마도 곡신(穀神)으로 이해되며, 따라서 이 제사는 곡신 의례의 축제로 치러진 듯하다.

한편, 삼한의 5월 수릿날의 제사는 기풍제(祈豊祭)였던 것으로 짐작된다. 이러한 행사들은 모두 주술 행위를 통한 집단 의식적인 축제의 의미를 가지기도 한다. 그러므로 노래와 춤, 그리고 음주 등은 기풍제나 추수감사제와 같은 축제에서 빠질 수 없는 것이다. 발로 땅을 높게 혹은 낮게 밟으면서 손발을 박자에 맞추어 움직이는 중국의 탁무(鐸舞)와 흡사한 율동과, 여러 사람이 모여 집단적으로 춤을 추는 군무(群舞) 등이 술과 곁들여 축제 분위기를 더해 주었던 것으로 보인다.

이러한 제천 의식은 일찍이 고조선에서도 있었다. 지금의 강화도 마니산 꼭대기의 참성단(塹星壇)이 바로 단군(檀君)이 하늘에 제사하던 곳이라고 전해 오고 있다.

또, 신라시대에 하늘에 제사하던 곳은 '영일현(迎日縣)'에 있는데, 세속에서 전하기를 일월지(日月池)라 불린다고 한다. 신라에서는 하늘뿐만 아니라 해와 달, 그리고 별에도 제사를 지내는 제도가 있었다.

한편, 고구려에서는 항상 10월에 제사하면서, 또 3월 3일에 모여 수렵을 하고 하늘에 제사하였다고 한다. 백제에서는 4중월(四仲月)에 하늘과 오제지신(五帝之神)에게 제사하였다. 부여에서는 12월에 하늘에 제사하고, 또 전쟁이 있으면 역시 하늘에 제사하였다.

4. 조의(皂衣)

　　김부식은 수서(隋書)를 인용하여 고구려 조의선인(皂衣先人;일명 예속선인翳屬先人) 기록을 남김. 삼국사 열전 명림답부 전(明臨答夫傳)에 명림답부가 연나조의(椽那皂衣)임을 명시함. 명림답부는 선정(善政)을 베풀 것을 권고한 무사(巫師)를 살해한 포악한 차대왕(次大王)을 99세 때인 2498년(서165, 차대왕 20년)에 시해하고, 113세때인 2512년(서179, 신대왕 15년)에 사망했으므로, 일반적으로 조의로 발탁되는 연령이 15세 내지 20세라고 하면 2314년(서81, 15세 무렵)에서 2319년(서86, 20세 무렵)에 고구려에 이미 조의선인 제도가 정착되어 있었음을 뜻함. 선인은 고구려사에 혹 仙人이라고도 썼는데, 先人 仙人 모두 '선비'의 음역이며 후세에 천호계급(賤戶階級)이 되어 재가화상(在家和尙)이라고 함. 나중에 선비 명칭은 유교에서 차지하고, 도령 명칭은 유교 양반이 차지하게 됨.

　　선인왕검(仙人王儉=先人王儉)은 조의선인의 시조이며, 화랑도 처음에는 선인이라 했으므로 최치원의 난랑비 서문에서 선사(仙史)라는 명칭을 썼고, 진흥왕 즉위 후 신선을 많이 숭배하여 화랑 창설을 신선 숭상이라 함. 국선(國仙)의 선(仙)은 선인의 음역이며, 화랑의 랑(郎)은 선인의 의역(意譯)으로서 도가(道家)적인 용어로서의 선(仙)과 구별됨.

　　삼랑(三郎)도 고구려 이전에는 삼선(三仙)·삼선인(三仙人)이었을 것이나, 신라에서 선인을 랑(郎)으로 하여 삼랑이 되고 삼랑사(三郎寺)를 세움. 즉, 단군은 선사(仙史)의 첫 선비(이)며 삼랑은 선사의 첫 도령이라고 할 수 있고, 삼랑성도 고구려 조의가 국방 요지에 쌓은 성으로 볼 수 있을 것임.

5. 화랑제도

* 其後更取美貌男子粧飾之名花郞以奉之 徒衆雲集或相磨以道義 或相悅以歌樂 遊娛山水 無遠不至 因此知其人邪正 擇其善者薦之於朝 故金大問花郞世紀曰 賢佐忠臣從此而秀 良將勇卒由是而生(鸞郞碑序文)唐令狐澄新羅國記曰 擇貴人子弟之美者傅粉粧飾之名曰花郞 國人皆尊事之也 (그 후 미모의 남자를 취하여 장식하고 화랑이라 이름하고 받들었는데, 무리가 운집하여 혹은 서로 도의로 연마하고 혹은 서로 노래와 음악으로 즐기며 산수에 다니며 놀되 멀리 안 가는 데가 없었다. 이로써 사람됨이 사악한지 바른지를 알아서 착한 자를 조정에 천거했다. 현명한 보좌 신하와 충신이 이를 좇아 빼어났고, 좋은 장수와 용감한 병졸이 이로 인하여 났다.(난랑비서문 생략) 당의 영호징이 쓴 신라국기에 귀인 자제 중 아름다운 자를 택하여 분바르고 장식하여 화랑이라 일렀는데 나라 사람들이 모두 우러르고 섬겼다고 일렀다)

 - 삼국사 진흥왕 37년 조 -

* 풍월주(風月主) 설치는 진흥왕 원년(서540)인 것으로 알려지고, 풍월주의 부인을 선모(仙母) 또는 화주(花主)라고도 했으며, 풍월주는 퇴임후에 상선(上仙)으로 불리움.

* 화랑도 통맥의 정통은 풍월주였으나 사다함(또는 문노)때부터 도맥의 정통인 국선(國仙)이 생겼고, 풍월주 계통의 화랑도는 신문왕 원년(서681)년 발생한 김흠돌(27세 풍월주)의 난 이후 폐지된 후, 신문왕 2년에 화랑도를 대신할 9년 학제(學制)인 국학(國學)을 세워서 15세

부터 30세까지의 청년들을 교육했으며, 32세 풍월주까지 명맥은 유지되다가 정파(正派)인 오기공 세력에 의해 진압됨.
* 화랑도 조직은 화랑-낭두-낭도로 구성되거나, 화랑-승려 약간명-낭도(신분 무관)로 구성되기도 했으며, 보통 15세 내지 18세까지 3년이 서약·수련 의무 기간이었음.
* 임신서기석(壬申誓記石) ; 화랑들의 기풍을 알 수 있는 자료임.

壬申年 六月十六日 二人幷誓記 今自三年以後 忠道執持 過失无誓 若此事失天大罪得誓 若國不安大亂世 可容行誓之 又別先 辛未年七月二十二日 大誓 詩尙書禮傳倫得誓三年(임신년 유월 십육일 두 사람은 함께 맹세를 쓴다. 지금부터 삼 년 이후 충도를 갖추고 과실이 없을 것을 맹세한다. 만약 이 일이 실패하면 하늘에 큰 죄를 얻기를 맹세한다. 만일 나라가 불안하고 세상이 크게 어지러우면 행동에 나설 것임을 맹세한다. 또 따로 앞서 신미년 7월 22일에 크게 맹세한 바 있으니, 시·상서·예전 등을 차례로 공부하기를 맹세하되 3년으로 한다)

* 화랑도는 한 시대, 한 집단만 존재한 게 아니며, 진평왕 때는 7개 이상의 화랑 집단이 존재하는 등 여러 파맥(派脈)으로 구성되기도 했으며, 화주(花主)는 여러 집단을 통솔하는 중심 기관 내지 중심 인물로 추측됨.
* 화랑은 도솔천에서 하생(下生)한 미륵으로 여겨졌고, 화랑 집단도 미륵 추종 집단으로 일컬어지는 등 신앙적 결사체에 가까웠는데, 이는 미륵 신앙적 이상 세계 건설의 염원에 의한 것임.

6. 고려 국선

* 四仙之跡所 宜加榮依而行之 不敢失也…所謂國仙之事 比來仕路多門略無求者 宜令大官子孫行之(사선의 유적있는 곳은 마땅히 영예롭게 하고 가야 하니 잃을 수 없습니다… 이른바 국선의 일로 말하자면 벼슬 길에 나오는 여러 가문에서 그 방략을 구할 수 없는 바 마땅히 대관 자손에 영을 내려 행하라)

- 고려사 예종 11년 조 -

昔新羅仙風大行 由是韻天歡悅 民物安寧 故祖宗以來崇尙久矣 近來兩京八關之會 日滅舊格 遺風漸衰 自今八關會 豫擇兩班家産饒足者爲仙家 依行古風 致使人天咸悅(옛날 신라는 선풍이 크게 행해져서 이로써 기쁨이 하늘을 울리고 인민과 산물이 편안했으므로 여러 임금들께서 숭상한 지 오래되었다. 근래에 양경의 팔관회가 나날이 옛 품격을 잃어 가고 남겨진 기풍이 점차 쇠약해지니 지금부터 팔관회는 미리 가산이 넉넉한 양반을 선가로 삼아서 옛 풍치를 행하여 사람과 하늘이 모두 기쁘게 하라)

- 고려사 의종 22년 조 -

* 고려 국선 민종유(閔宗儒, 또는 민적,閔頔)에 관한 기록;

頔 字樂全 生而姿相不凡 外祖父兪千遇見而奇之 曰兒他日必貴 姨夫故相金頵聞其言養于家 國俗幼必從僧學句讀 有面首者僧俗皆奉之 號曰仙郞 聚徒或至千百 其風起自新羅 頔十歲出就僧舍學性敏悟 受書旋通其義 眉宇如畵 風義秀雅 見者皆愛之 忠烈聞之 召見宮中 目爲國仙(민적은 자(字)가 악전이다. 태어나면서부터 자태와 인상이 비범했다. 외조부 유천우는 적을 보고 기

이하게 여겨 말하기를 '이 아이는 후일 반드시 귀하게 될 것이다'라고 했다. 이모부 김군이 이 말을 듣고 적을 집에 데려다 길렀다. 나라 풍속에 의하면 아이가 어렸을 적엔 반드시 승문(화랑문)에 출가하여 글 읽기를 배우며 면수(수석)하는 자를 받들어 모두 섬기며 선랑이라고 부르는데, 모이는 무리가 천 명도 되고 백 명도 된다. 이런 풍속은 신라 때부터 일어난 것이다. 적은 열 살에 승사에 출가했는데 배우는 성품이 민첩하게 깨달아서 글을 배우면 재빨리 그 뜻을 통했다. 눈썹은 그림 같고 기풍과 의리가 빼어나게 우아했으므로 그를 보는 이는 누구든지 그를 사랑했다. 충렬왕께서 적의 소문을 들으시고 궁중에 불러보신 후 국선으로 임명하셨다.)
- 고려사 열전 민종유 조 -

즉, 불가(佛家)·선랑(仙郞)·국선(國仙)이 일가(一家)를 이룬 것임.

7. 풍월향도(風月香徒)

조선 선조대 활동한 일군(一群)의 시인들의 시단명(詩壇名)이며, 단체장은 유희경(劉希慶;서1545-1636)이었고, 당시 사람들이 풍월향도라 명명함. 유희경은 백대붕(白大鵬)과 시단을 형성했는데, 백대붕은 수군(水軍) 출신으로서 정6품 액정서 사약(掖庭署司鑰;궁궐 열쇠 관리와 왕명 전달 책임자)이 되었고, 서1590에는 통신사 허성을 따라서 일본에 다녀

왔으며, 임진란 때 순변사 이일과 함께 상주에서 전사한 인물임.

향도는 조선시대 때 '상여를 메는 사람'이라는 뜻으로 쓰였는데, 서민들이 만든 계(稧)의 명칭으로도 쓰임. 유희경의 부친은 종7품 계공랑(啓功郞)이었는데, 서경덕의 문인 남언경에게 수학하여 문공가례(文公家禮)를 배웠고, 특히 상제(喪制)에 밝아서 국상(國喪)이나 사대부집의 상사(喪事)에 반드시 불려 다녔다고 함.

유희경은 임진란 때 의병을 일으켜 싸웠는데 전란 중 사신들 왕래에 따른 재정난을 해결하여 통정대부(通政大夫)가 되었고, 인조 때는 가선대부(嘉善大夫)가 되었다가 가의대부(嘉義大夫)를 제수받았고, 만년에는 서민·천인들과 시단을 만들어 시문을 즐겼는데 사대부들도 참가했으며 촌은집(村隱集) 세 권을 남겼고, 사후에는 자헌대부(資憲大夫)·한성판윤(漢城判尹)이 추증되었다.

유희경의 시단은 후일에 여항문학(閭巷文學)으로 이어졌는데, 위항문학(委巷文學)이라고도 불렸고, 서울을 중심으로 중인 이하층이 주도한 한문학 활동을 펼쳤고 신분상승을 목적으로 활동하기도 했음. 숙종 때 임준원(林俊元)을 맹주로 한 낙사(洛社)를 시작으로 정조 때는 천수경(千壽慶)을 맹주로 한 옥계시사(玉溪詩社, 또는 송석원松石園시사)가 본격적으로 조직되어 시회 및 백전(白戰=백일장)을 열었고, 서1870년대 말엽에는 대교(大橋, 또는 수표교水標橋)시사가 결성되었는데 이전의 경아전(京衙前;규장각 서리들이 핵심) 중심에서 북학의 거장인 김정희 문하의 기술직 중인(中人) 중심으로 변하여 지석영 등이 개화정책 막후역할을 담당했으며, 일제강점기때는 문화운동의 주류로 부상함.

8. 수륙재(水陸齋)

　물과 육지에서 헤매고 있는 외로운 혼령들에게 법과 음식을 베풀어 구제하는 의식이며, 중국 양나라 무제에 의하여 시작되었다고 함. 양무제는 평생 수백 채의 절과 수만 구의 불상을 조성하고 매일 수천 명의 스님들에 반승을 하였는데, 유주무주의 고혼들을 위해 수륙제를 지내면 큰 공덕이 있다는 말을 듣고 금산사에서 큰 재를 베풂. 그 뒤 송나라 때에 동천(東川)의 〈수륙문(水陸文)〉 3권이 나와 더욱 성행하였고, 우리나라에서는 고려 때 갈양사(葛陽寺)에서 광종 21년(970)에 처음 베풂.
　선종 때에는 태사국사 최사겸(崔士兼)이 〈수륙의문(水陸儀文)〉을 송나라에서 들여와 보재사(寶齋寺)에 수륙당을 열었고, 혼구(混丘)는 〈신편수륙의문(新篇水陸儀文)〉을 찬술하여 더욱 성행하였으며, 조선시대 숭유배불 정책으로 불사에 어려움이 많았으나 태조는 진관사(津寬寺)를 나라의 수륙재를 여는 사사(寺社)로 지정하고 견암사·석왕사·관음굴 등에서 고려 왕씨들을 위한 수륙재를 베풀었으며, 유신들의 많은 폐지 상소에도 불구하고 매년 2월 15일에 거행되었으나, 태종 15년(1415)부터는 1월 15일로 바뀌어 종종 10년(1515)까지 시행되다가 결국 유생들의 반대로 폐지됨. 성할 때는 효령대군이 시주가 되어 한강에서 개설하였고, 선조 39년(1606)에도 창의문 밖에서 행하였는데 양반·평민이 길을 가득 메워 인산인해를 이루는 무차대회를 이루었다 함.
　수륙재의 절차는 〈범음집(梵音集)〉, 〈산보집(刪補集)〉, 〈작법귀감(作法

龜鑑)〉,〈석문의범(釋門儀範)〉이 조금씩 차이가 있으나 그 취지는 같고, 〈석문의범〉에서는 수륙무차평등재의(水陸無遮平等齋儀)라고 하여 모든 영혼을 평등하게 천도받게 한다고 함.

그 내용은 재를 지내는 동기를 밝히는 소가 있고, 영혼들이 불보살님께 설법을 들어 깨달음의 마음을 일으키게 해 주며, 다음으로 명부사자를 초청하여 분향 공양을 하고 축원을 한 후, 오방신장과 명부사자 호법선신께 공양하고 영혼을 목욕시킨 뒤 불보살께 나아가 법문을 듣고 불공 축원한 후 시식을 베풀어 유주무주 고혼을 천도하는데, 이때 의식은 범패와 법무가 중심이 되고 태징·요령·목탁·북·피리·젓대 등 다양한 소리가 조화를 이루어 높은 예술성을 느끼게 함.

9. 배달 문화의 신선도 전통

1) 한자의 기원

은나라 갑골문은 동이(東夷)의 문자이다.
문자 창시자로 알려진 창힐은 동이인(東夷人)이다.
한자의 반절 음은 동이의 발음을 기준으로 되어 있다.

2) 훈민정음의 내력

(1) 세종실록 103권(23년 조): 언문은 모두 옛 글자를 본받아 되었고 새

글자는 아니다. 언문은 전 조선시대에 있던 것을 빌려다 쓴 것이다.
(2) 세종실록 25년(계해) 12월 조: 10월 초에 친히 말글 28자를 만드시니 그 글자는 고 전자(古篆字)를 모방했다.
(3) 신경준의 〈훈민정음 운해〉: 우리나라에 옛부터 민간에서 쓰는 글자가 있었는데 그 수가 다 갖추어지지 못하고 그 모양에 일정한 규범이 없어서 한 나라의 말을 적어 내기에는 모자라나 일부 제한된 범위에서는 쉽게 쓸 수 있게 되어 있다.
(4) 신채호의 〈국문의 기원〉: 단군조선 시대에 국문이 있었다.
(5) 일본의 옛 문헌 〈훈석문 언해〉: (훈민정음은) 옛날 체와 지금 체가 있었는데, 옛날 체는 세 나라(삼한) 시대에 만들어 전하는 것이고, 지금 체는 세종 때 옛글자를 고쳐 만든 것이다. 지금 그 나라에 옛 글자는 없어지고 지금 것만 쓰이는데, 옛 글자는 곧 지금 일본에서 전해 온 '비인서'(神代文字)이다.
(6) 동국역대(東國歷代): 제3세 단군 가륵 원년 기해 춘 2월에 납언박사 강보륵이 국문정음을 만들어 언문이라 했다.
(7) 가림토 모어(母語)로 보이는 최고형(最古型)의 문자가 만주와 경남 산청 단속사에서 발견되었다.

3) 금관

(1) 평양 단군릉에서 금관 앞면 세움 장식과 돌림 띠 조각 한 개씩 나왔다.
(2) 일반적으로 삼산보관식(三山寶冠式)이며, 삼신일체·산악사상·신선도와 연관된다.
(3) 일반적으로 다섯 개의 꽃무늬 녹각형입식(鹿角形立飾)이며, 신선도의 오제사상(五帝思想)을 반영한다.

4) 탑

(1) 삼국유사 요동성육왕탑 조: 동명성왕 요동순행 때 삼중탑(三重塔)이 있어서 왕이 신앙심이 생겨 칠중목탑(七重木塔)을 세웠는데, 그 후에 불법이 들어옴.
(2) 익산 미륵사에 관한 기록: 신증 동국여지승람에 '미륵사는 후마한(後馬韓)의 무강왕(武康王)이 창건했다'라고 기록.
(3) 서1970년 집안시 장천지구 1호 고분 전실에서 발견한 고대의 예불도(禮佛圖)에 묘사된 불상의 모습과 의복이 한국풍임.
(4) 서1983-1985년간의 홍산 문화 발굴에서 서기전 3,500년경의 제사 유적·신전·신상이 발견됨.
(5) 서기전 2,500년경의 상원군 룡곡리 5호 고인돌 무덤에서 비파형 창끝이, 4호 고인돌 무덤에서는 청동 단추가 발굴됨.
(6) 강동군 순창리 글바위 5호 무덤에서 금동 귀걸이 발굴됨.
(7) 단군릉 발굴 이후 평양 일대 고조선 초기 돌관 무덤에서 다양한 금동 제품이 발굴됨.
(8) 평양 덕천리 남양 유적 집터는 신석기-청동기 시대 유적으로 밝혀짐.
(9) 삼국유사 〈가섭불연좌석〉 편 및 〈아도기라〉 편에 옛 신선도의 절터라는 기록이 있음.
(10) 삼국유사 권3 탑상(塔像) 제4 미륵선화·미시랑·진자사(鎭玆師) 편에 〈지금국인칭신선왈미륵선화(至今國人稱神仙曰彌勒仙花)〉 기록이 있음.
(11) 서천축의 지공선사(指空禪師)가 경기 양주군 천보산 회암사 터는

상세 칠불(上世七佛) 시절의 큰 절터라고 증언했는데, 대웅전의 대웅 명칭은 불타의 십불호(十佛號)에도 없고, 단군 세기의 11세 단군 도해 원년 기록에 웅상(雄像)에 관한 기록이 있음.
(12) 사찰 내에 인도식 불탑(스투파) 아닌 한국식(한옥식) 석탑을 세움.
(13) 사찰에 독특한 양식의 범종이 있음.
(14) 사찰 건축 양식도 한옥으로서 목조 건물이며, 삼관문(三關門)이 있고, 단청·벽화·용·신선·사슴·호랑이 등이 표현되어 있으며, 삼불(三佛)을 모심.

5) 정지상의 팔성문집(八聖文集)

팔선(八仙)이 반선(半仙)·반불(半佛)로 의정된 내용이 있음.
(1) 호국백두악태백선인(護國白頭嶽太白仙人) → 문수사리보살(文殊師利菩薩)
(2) 용위악육통존자(龍圍嶽六通尊者) → 석가불(釋迦佛)
(3) 월성천선(月城天仙) → 대변천신(大辨天神)
(4) 구려평양선인(駒麗平壤仙人) → 연등불(燃燈佛)
(5) 구려목멱선인(駒麗木覓仙人) → 비바시불(毘婆尸佛)
(6) 송악진주거사(松嶽震主居士) → 금강색보살(金剛索菩薩)
(7) 증성악신인(甑城嶽神人) → 늑차천왕(勒叉天王)
(8) 두악천녀(頭岳天女) → 부동우바이(不動優婆夷)

6) 석탄일(釋誕日) 고찰

(1) 삼국유사 북부여 편: 전한 선제 신작 3년 임술 4월 8일에 천제(天帝) 해모수가 흘승골성(訖升骨城)으로 내려왔다.
(2) 고려사 원종 12년 4월 조: 4월 8일 행사는 본래 국속(國俗)으로 관등(觀燈)한다.
(3) 장아함경: 석가의 출생·출가·성도·열반은 모두 2월 8일
(4) 불교사전: 석탄일은 2월 8일
(5) 서기 1956년 11월 카트만두의 제4차 세계 불교도 대회에서 양력 5월 15일로 확정.